상실의 위로

상실의 위로

이세은 지음

사랑하는
동생을 잃은 아픔을 마주하고
상처의 모서리가 둥글어져
위로와 희망을 건지기까지

삼원사

'

살아 있음이,
내게 생명 있음이 감사한 때도 많았습니다.
아니, 그것이 늘 감사했습니다.
하지만 지금은 그냥,
내가 없는 세상을 상상하면서
만족하고 싶습니다.
하나님, 나의 창조자 되시고
나의 구원자 되시고
나의 모든 것 되신 하나님.
나로 하여금 주님만 바라는 기쁨이
어떤 것인지 알게 하소서.
상하고 다친 나의 마음의 치료자가 되시고
나의 곁에서 나의 부모가 되어 주소서.
내가 의지할 든든한 남편이 되시고
내 삶의 이유가 되어 주소서.

'

동생의 일기 중에서

차 례

동생이 사라졌다 _11
더는 말하고 싶지 않고 더는 듣고 싶지 않은 절박함

남겨진 슬픔 _31
누가 누구를 버린 걸까, 어떻게 잊을까

용서와 치유 _57
위로는 가까이에

내 곁에 있어 주는 것이 선물 _89
그날에 그냥 언니었으면 좋겠다

동생의 편지 _118
동생의 일기 _140
그리운 처제와의 대화 _194

에필로그 _끝나지 않는 슬픔 _200
추천의 글 _204

동생이 사라졌다

더는 말하고 싶지 않고

더는 듣고 싶지 않은 절박함

동생이 사라졌다

더는 말하고 싶지 않고 더는 듣고 싶지 않은 절박함

1.

나는 차 안에 앉아서 전화를 받고 있었다.

그때까지만 해도 살아 있던 동생의 음성이 휴대폰에서 흐느끼고 있었다. 차창 밖으로 보이는 세상은 봄빛으로 충만한데 차 안은 절망으로 암전되어 온 신경이 지옥의 밑바닥을 더듬었다.

"…죽고 싶어…"

동생은 울고 있었다. 삶과 사람에 대한 분노와 절망 그리고 추락한 꿈들이 뒤엉킨 채로 그 아이를 할퀴고 있었다. 끝맺지 못하는 언어들이 휴대폰에서 흘러나왔다. 나는 동생을 진정시키려고 무슨 말이든지 해야 한다고 생각했다. 앞으로는 상황이 나아질 거라든가, 조금만 참고 기다리라는 말들을.

지나고 나서 생각해보니 다 빈껍데기 같은 소리였다. 늪으로 빠져들어 가는 사람에게 네 힘으로 지푸라기라도 만들어 붙잡고 나오라는 말을 한 셈이다.

나는 그때 동생에게 살아달라고 미친 듯이 매달리지 못했다.

듣기 좋은 위로의 말조차도 동생의 영혼에 무거운 짐을 지운다는 것을 알지 못했다.

그냥 곁에 있어만 달라고 하지 못했다.

너 없으면 내가 안 된다며 울지도 못했다.

영리하게도 기억은 절대로 하지 못했던, 이제 더는 할 수도 없는 일들을 끄집어내어 고통을 각인시킨다.

2.

이틀 뒤 동생의 직장 동료로부터 동생이 사라졌다는 소식을 전해 들었다.

"어디 친구네나 찜질방에 가 있겠죠, 뭐…"

대수롭지 않게 말하려는데 목소리가 이상하게 갈라졌다.

동생은 중국인 남편의 전화를 받고 언성이 높아지더니 그 길로 교무실을 비웠다고 했다. 교무실 책상 위는 동생이 사용한 흔적이 그대로 있었다. 지갑, 볼펜 그리고 몇 시간 전에 작성하던 문서까지. 금방 돌아올 사람처럼 벌여 놓은 물건들은 만 하루째 돌아오지 않는 주인을 기다리고 있었다. 숙소에 가보니 아침으로 들었는지 먹다 만 컵라면이 놓여 있었다. 너무나 현실적이어서 동생이 금방 문을 열고 들어와 미안한 표정으로 컵라면을 치울 것만 같았다.

'아무 일도 아닐 거야.'

스멀거리며 뒤통수를 감아오는 이상한 기분을 떨쳐내며 생각했다. 곧 찾을 수 있을 거라고, 아마 저녁 즈음이면 어느 식당에 앉아 동생의 손을 잡으며 마음을 다독여 줄 수 있으리라 생각했다.

그러나 시간이 흐르며 이상한 느낌이 현실이 될 것만 같은 공포가 밀려왔다. 미처 막을 수 없는 큰 해일이 우리를 덮치기 전 잠시 정지된 찰나에서 모두가 꼼짝없이 얼어붙은 느낌이었다.

그때였다.

지방에서 올라온 부모님은 연락을 기다리겠다며 다시 내려가시는 중이었고, 실종 신고를 한 우리도 다시 서울로 올라오고 있던 그때. 통신사에서 근무하는 동생의 친구가 휴대폰 위치 추적을 통해 동생이 있는 곳을 알아냈다. 놀랍게도 동생은 직장 건물 안에 있었다.

동생의 동료들이 동생을 찾아냈고 곧바로 전화가 왔다. 어제 동생을 찾으러 갔다 들른 화장실, 바로 그 위층에 동생이 있었다. 배터리가 나간 휴대폰과 함께.

동생은 이미 죽어 있었다.

3.

"힘들어했어요. 결혼생활을…. 그리고 직장에서도 작은 일에 불같이 화를 내는 일이 종종 있었죠."

동생의 직장 동료가 독백처럼 읊조리는 말이 의식의 저편 어딘가로 연기처럼 사라졌다. 어리석게도 그제야 동생이 했던 말들이 머릿속을 느리게 유영하며 지나갔다.

"언니…, 내가 요즘 잠을 잘 못 자. 고맙게도 살이 좀 빠졌지. 입맛이 통 없네…. 고마운 일이지."

죽기 2주 전에 우리 집에 와서 폴라로이드 사진을 찍고서는 자신의 사진을 남겨둔 채 우리 사진만 가져간 일도, 오래되어 보이는 가방이 안쓰러워 내 가방 중 하나를 줄까 하니 희미하게 웃으며 "다음에…" 하고 미루던 시선도. 전부 다 비웃듯 나를 통과하며 혼을 부숴놓았다.

꼬박꼬박 미루지 않고 쓰던 동생의 일기는 한 달 전부터 멈춰 있었다.

사진첩에는 제부의 사진을 모두 비워내고 동생이 가르치던 아이들의 것으로 바꿔놓은 흔적이 있었다. 얄밉게도, 미리 떠날 것을 준비라도 한 사람처럼 모든 짐이 정리되어 있었다.

동생을 사랑한 동료가 그녀의 보라색 카디건을 가슴에 꼭 끌어안았다. 이 말도 안 되는 상황을 속히 벗어나려고 서툴게 유품을 정리하다 내다 버린 동생의 낡은 구두도 그분이 다시 챙겼다. 주인을 잃어 슬픈 물건들이 사방에서 곡하는 소리가 들려왔다. 누가 우는 소리인지 구분도 안 되는 흐느낌이 섞여들었다. 마침내 우리는 동생의 숙소 방문을 닫고 돌아섰고 곡하는 소리는 우리의 발걸음을 좇아 서글프게 따라붙었다.

사랑받아 충분했던 동생의 일상이 비릿한 아픔으로 정리되고 있었다.

> 살아 있던 그 애의 숙소도
> 이제는 묘지가 되었다.

4.

동생이 죽기 이틀 전에 한 꿈을 꾸었다.

참으로 이상한 꿈이었다. 꿈속에서 나는 친한 친구와 낯선 산을 오르고 있었다. 불과 보름 전에 모친상을 당한 친구였고, 그의 등에는 낯빛이 새파란 갓난아기가 업혀 있었다. 힘든 일을 치른 애가 무슨 아기를 업고 있냐며, 그 아기를 내가 받아 업었다. 공기만큼이나 가벼운 아기. 아기는 얼굴뿐만이 아니라 온몸이 새파랬다. 손끝과 발끝은 멍든 듯 검푸른 물이 들어 있었다. 꿈인데도 아기를 업은 내 등이 기괴하게 싸늘해졌다. 깨어난 후에도 등에 서늘하게 남은 그 차가운 느낌. 나는 오랫동안 자리에서 일어나지 못한 채로 누워 있었다. 그리고 동생이 죽고 나서야 비로소 나는 그 아기의 이름을 알아버렸다.

아기의 이름은 '죽음'이었다.

5.

태어난 지 꼭 서른 해.

이제는 재가 된 동생의 유골이 며칠 사이 폭삭 늙어 버린 부모의 손에서 산바람을 타고 흩어졌다.

동생은 말 그대로 한 줌의 재가 되어 사라졌다. 이름을 남기지도, 자식을 남기지도 못하고 입을 꼭 다문 채 세상에서 가장 슬픈 표정으로 그렇게 사라졌다.

동생의 차가운 시신에 손을 대었을 때, 그 애의 마지막 얼굴에서 나락에까지 떨어졌던 우울의 비참함을 발견했을 때, 그 애의 악다문 입술에서 생에 대한 어떤 연민의 흔적조차 찾아볼 수 없었을 때, 나는 동생을 부둥켜안을 수도, 다시 되돌려 달라고 울부짖을 수도 없었다.

내가 알던 동생은 이토록 차가운 존재가 아니었다.

동생은 조용했고 눈에 잘 띄지 않는 아이였다.

어머니의 말에 의하면 12월 29일에 태어나 또래보다 느렸다고 한다. 사진에 나타난 어린 시절의 동생은 오동통한 볼에 낙천적인 미소를 띠고 있다. 숱 많은 검은색

머리카락이 이마 위로 곱슬거리는 모습은 영락없는 못난이 인형이다. 자라면서 성격이 많이 달라지긴 했어도 지인들을 웃기려고 농담을 할 때면 여전히 못난이 인형의 미소가 얼굴에 가득 넘쳤다. 모순의 정곡을 찔러 사람을 당황하게 하다가도 이내 따뜻하게 격려해 주는 동생의 화법을 나는 사랑했다.

그토록 유쾌하고 영민했던 아이가, 평생 감춰온 자신의 절망을 세상에 절절히 내보이며 이제는 끝이라 말하고 있었다. 낯선 영안실에 차갑고 말간 시신으로 누워 더는 말하고 싶지 않다고, 더는 듣고 싶지도 않다고 외치고 있었다.

> 처음이자 마지막으로,
> 동생은 우리에게
> 가장 솔직해진 모습을 한 채
> 이곳을 떠났다.

6.

동생의 장례는 C도시의 어느 외딴곳에서 치러졌다.

그곳이 어디였는지, 무슨 장례식장인지 기억이 나지 않는다. 우리는 상복도 제대로 갖춰 입지 못한 채 조문객을 맞았다. 젊고 멀쩡했던 동생의 갑작스러운 죽음. 단순한 사고사로만 알고 오신 고향 교회 성도들은 장례를 치르러 와서야 그 죽음의 이유를 알고는 말문을 닫으셨다. 어려서는 동생에게 유아세례를 베풀었고 자라서는 동생의 신앙고백을 인정하여 입교를 허락했으며, 동생이 단기 선교사로 떠나고자 헌신했을 때는 따뜻한 후원을 아끼지 않은 고향 교회였다.

그러나 동생의 장례식 집전만큼은 거절했다.

동생의 마지막이 성도의 죽음으로
받아들이기 어렵다는 이유에서였다.

우리 중 그 누구도 이 아이가 성도였음을 부인하는 사람은 없었다.

동생을 아는 사람이면 누구나 이 아이가 하나님의 딸이었음을 알고 있다. 그러나 말씀 안에서 믿음으로 자라온 동생의 삶이 단 한순간의 실족으로 성도의 신분마저 의심받게 되었다.

영정사진 속 동생은 아무 시름없이 우리를 바라보며 웃고 있다. 하나님의 딸로 살았으나 자살로 생을 등진 아이. 동생은 지금 자신을 둘러싸고 벌어진 이 논란의 중심에서 빠져나와 기뻐 보였다.

영정사진 앞에서 나는 동생의 죽음을 어떻게 여기는지 반문했다.

부끄러운가? 아니다.

부끄러운 것은 동생의 자살이 아니다. 맑게 웃고 있는 저 아이는 자랑스러운 나의 동생이고 나의 친구이자 나의 분신이었다. 오히려 죽음보다 더한 고뇌를 안고 살았을 동생을 보듬어 안지 못한 언니이자 친구인 나 자신이 저주스러웠다.

'왜 그랬다니, 젊은 애가… 아무도 몰랐다니, 저 지경이 되도록…'라며 묻는 듯한 조문객들의 시선에 어깨가 움츠러들었다. 비난받을 이유가 없다는 생각에 목을 꼿꼿이 세우다가도 누군가 그런 질문을 해오면 죄스러운 눈빛으로 고개를 떨구며 대답을 대신했다.

그리고 이 끔찍한 애도의 순간에도 위가 오그라드는 배고픔을 느껴 염치없이 장례식장 한구석에 쪼그리고 앉아 흰밥을 물에 말아 먹었다.

처음으로,
내가 죽었으면 하고 생각했다.

7.

딸의 관을 직접 들어 화장터로 옮기던 아버지의 일그러진 표정과 한순간에 검은 관을 에워싸며 집어 삼켜버리던 화염의 뜨거움.

뇌출혈로 병원에 계시다 퇴원하신 지 얼마 안 된 어머니의 초점 없는 눈빛과 사람들의 오열하는 소리들.

3월이라 날씨는 아직도 쌀쌀한데 동생의 몸이 화로 속에서 으스러지는 모습이 망막에 맺혀 명치에서 울분이 뜨겁다 못해 데일 듯이 차올랐다.

누구를 향한 분노인가. 매정하게 우리의 손을 놓고 떠난 동생을 향한 것일까. 동생이 절망의 나락으로 떨어지는 것을 막지 못한 나와 우리를 향한 것일까. 아니면 동생을 지키셔야 했던 하나님을 향한 원망 때문일까.

누구나 그러하듯 나는 죽음을 맞을 아무런 준비가 되어 있지 않았다. 갈 길 멀고 할 일 많던 이 아이의 죽음은 아침에 눈 뜨면 사라질 악몽에 불과한 것이어야 했다.

예기치 못한 순간에 맞닥뜨린 젊은 죽음. 나는 이 죽음의 만행이 우리를 난도질해대는 한가운데서 하나님을 부르짖었다. 어려서부터 믿어온, 따뜻하고 사랑이 많으셔서 우리에게 좋은 것만 주시는 하나님을, 이런 일을 허락하실 리가 없는 선하신 하나님을.

"이러시면 안 되잖아요? 주님! 이러실 수는 없는 거잖아요, 주님!"

하나님은 그 순간 철저하게 자신의 얼굴을 가린 채 침묵하셨다. 침묵하시는 하나님. 그의 음성은커녕 다가오시는 소리조차 들리지 않았다. 영혼의 암전 속에서 나는 "주신 이도 여호와시요 거두신 이도 여호와시오니 여호와의 이름이 찬송을 받으실지니이다"(욥 1:21)라는 욥의 고백을 의심했다. 죽은 자는 재로 돌아갔고 남은 자들에게는 비통함만 가득한데, 찬송 받으실 여호와의 이름은 어디에 계신 걸까.

기도할 수 없지만
한 시도 기도하지 않을 수 없는
강렬한 슬픔이,
영혼의 모든 허식과 거짓을 불사르고
홑겹의 믿음만 남겨두었다.

8.

동생이 가르쳤던 탈북학생들의 외로운 찬양 소리가 황량한 장례식장을 휘감고 올라간다.

동생의 장례식은 영원히 끝이 났다.

하지만 나는 아직도 동생의 장례를 마무리하지 못한 느낌을 가지고 있다.

9.

시체 검안서는, 수십 년을 산 자로 지내다가 이제 막 죽은 자가 되었음을 의학용어 일고여덟 자로 표기한 한 장의 증명서다. 이 증명서를 들고 동사무소를 거쳐 경찰서로 가면, 똑같이 한 인생의 마지막을 몇 단어로 정리한 사고사실 확인원을 발급해 준다. 이로써 동생과 관련된 모든 법적, 경제적 영역에도 사망이 선고된다.

서류를 작성하던 경찰관이 호기심 어린 눈빛으로 나에게 물었다.

"동생분은 왜 그랬대요?"

글자 몇 자로 인생을 매듭짓던
종이 쪼가리에 비하면
훨씬 인간적인 질문이다.

남겨진 슬픔

누가 누구를 버린 걸까,

어떻게 잊을까

남겨진 슬픔

누가 누구를 버린 걸까, 어떻게 잊을까

10.

무거운 고통을 지고 살던 사람이 남긴 짐이라기에는 너무나 단출했다.

동생의 신혼집 현관에는 짧은 신혼 기간에 쓰인 살림들이 덩그러니 놓여 있었다. 제부가 울면서 쌌을 그 아이의 살 냄새가 배어 있는 이불과 손때 묻은 영문학책들 그리고 몇 가지 물건들이 나를 빤히 쳐다보며 질문했다.

정말 데리고 갈 거냐고.

데리고 가면 내 주인처럼 일찍 떠나지 않고 오래오래

나랑 살아줄 거냐고.

나는 동생을 보듬어 안듯 그 물건들을 하나도 빠뜨리지 않은 채 집으로 옮겨 왔다.

부모님은 동생의 짐을 모두 버리기 원하셨다.
"모두 다 버렸나? 그래 잘했다."
"정말 다 버렸나? 그래, 그래야지…."
재차 확인하시는 그 질문이 내 귀에는 "내 자식이 정말로 떠났냐? 이제 정말로 못 보는 거냐?" 묻는 소리로 들렸다. 나는 모두 다 버렸다고 대답했다.

그리고 속으로 또 한 번 대답했다.

정말로 당신 자식은 죽었고, 이제, 결코, 다시는 이곳에서 볼 수가 없어요,라고.

그러나 나는 느꼈다.

동생의 모든 흔적을 지워버리길 원하셨지만, 막상 버렸다는 말 뒤에 뒤따라오는 애끓는 두 노인의 절망을. 그래서 나는 부모님의 뜻을 버려둔 채 정작 버려야 할 동생의 짐들을 빠짐없이 끌어안았다. 동생의 짐 틈으로 부모님의 감춰진 바람 하나도 함께 데려왔다. 비록 묘비는 세우지 못했지만, 동생이 우리와 함께 살았다는 흔적 하나쯤은 가슴에 남겨둬도 족하다 여기면서.

태워졌어야 할 동생의 일기는 평범한 상자 안에 보관하여 빛이 닿지 않는 창고 깊숙이 관처럼 묻어 두었다. 잠이 오지 않는 밤이면 관과 같은 그 상자를 열어 동생의 몸과 같은 일기를 꺼내 보았다.

일기를 읽기도 전인데
상자에 손만 댔을 뿐인데도
매번 바보 같은 울음이 터졌다.

11.

슬픔은 마치 내비게이션에도 나오지 않는, 처음 가보는 산골의 밤길과도 같았다.

칠흑 같은 어둠 속에서 언제 도착할지 모르는 좁고 거친 흙길을 혼자서 내달리는 것과도 같았다. 직진인 것 같은데 급회전을 해야 하고, 오르막인 듯싶은데 가파른 내리막으로 추락하는 예측불허의 밤길을 그저 목 위에 장식품처럼 걸려 있는 머리를 가로저으며 헤매는 것만 같았다. 무섭고 슬프고 외롭고 비참한 길이 끝도 없이 계속되었다. 어두운 구석마다 얼어붙은 과거들이 장승처럼 서 있는 것을, 창백한 기억이 유령처럼 스치고 지나가며 무너뜨렸다. 나는 시도 때도 없이 날아오는 과거의 파편에 맞아 정신을 놓고 울어댔다. 울음은 밤길에 흡수되며 그 길이를 늘여 놓았다. 슬픔은 끝도 없이 늘어나는 눈물길과 같았다.

12.

남겨진 자들은 죽은 것도 산 것도 아닌 그 중간 상태에 머물러 있다.

물살에 흔들리지만 바위에 붙어 있어 떠내려가지 못하는 이끼처럼, 흘러가지도 못한 채 과거에 붙잡혀 흔들리고만 있다. 지독한 슬픔 탓인지 온 세상이 잿빛이다. 허기처럼 분노가 몰려왔다.

'우린 행복했잖아. 죽기 전에도 만나 농담하며 웃었으면서. 왜 그런 거야!'

시간이 흐를수록, 세상이 동생을 버린 것이 아니라 동생이 우리를 버렸다는 생각이 들었다. 동생이 더는 삶을 살아야 할 이유가 없다고 느낀 그 순간, 우리 모두도 동생에게서 버려졌다. 함께했던 시간이며, 즐겨 찾던 장소며, 같이 듣던 음악이며, 긴 밤을 새워 속삭이던 영화와 소설, 연애사와 같은 사소한 모든 것이. 살아서 펄떡이던 일상들이 한순간에 죽어버렸다. 동생에게 주었던 나의 진심이, 나의 사랑이, 나의 전부가 재가 되어 날아갔다.

나는 산송장이요, 죽지 못한 좀비와 같았다. 진저리 쳐지는 외로운 밤들이 이어졌다. 눈물을 멈추지 못해 밤을 지새우는 날들이 많아졌다. 그나마 분노할 때만 힘이 났다. 살아 있는 사람을 원망하느니 차라리 가고 없는 죽은 이를 원망하는 것이 편했다. 그래야 그 애 없는 세상을 살아갈 힘이 생기니까.

그러나 분노하는 순간에도 동생이 그리웠다. 애써 기억해내려 들지 않아도 동생의 행동과 표정, 말들이 불쑥불쑥 다가왔다. 이제 몸은 사라지고 우리의 기억 속에서만 존재하는 동생. 아이러니하게도 기억 속의 동생은 어제 만난 사람인 양 생생한데, 비틀거리며 흐느끼고 있는 나는 이미 수십 년 전에 죽어버린 사람 같았다. 덧없는 인생, 덧없는 시간들.

다시 돌아오지 않을
동생에 대한 슬픔이
나의 수의가 되어
말라버린 영혼에 입혀졌다.

13.

겨울이었다.

차가운 바람이 실어온 마른 장작 냄새가 지금도 코끝에서 맴도는 그해 겨울, 동생과 나는 강둑에 서 있었다.

가뭄 탓에 가느다란 물줄기만 힘겹게 토해내던 강은 싸늘한 얼음으로 멈춰선 지 오래다.

나는 꽁꽁 언 동생의 손을 감싸 내 호주머니에 집어넣고서 오지 않는 버스를 한참 기다렸다.

엄마는 오늘도 아프셨고, 88번 버스로 50분 정도 걸리는 교회는 우리끼리 가야만 한다.

마주 보는 동생의 코에 콧물이 얼어붙어 있다.

아마 동생의 눈에도 내 얼어붙은 콧물이 맺혔을 것이다.

지금은 그 강둑에 동생은 없고 나만 홀로 서 있다.

여전히 어린 내가 여전히 얼어붙은 채로 여전히 얼어붙은 강물을 등 뒤로 한 채 여전히 오지 않는 버스를 기다린다.

강둑도, 나도,

강물도 변함없이 얼어 있는데….

동생만
그곳에 없다.

14.

돌이켜보면 두 살 터울의 자매 사이는 사랑과 우정뿐만 아니라 시기와 질투도 공존했다.

엄격한 어머니의 훈육은 자매지간의 연대를 끈끈하게 만들었지만, 동생과 내가 부모님께 물려받은 재능은 서로에 대한 질투와 시기심을 부추기기도 했다.

동생과 나는 음악에 소질이 있었다. 동생은 고등학교에서 클라리넷을 접하고서 전공으로 할지 말지를 진지하게 고민했을 만큼 음악을 좋아했다. 동생의 책상 선반에는 이달 용돈을 아끼거나 혹은 다음 달 용돈을 미리 받아서 산 신간 앨범이 꽂혀 있었다.

나는 성악에 소질이 있었다. 하지만 동생이나 나나 음악을 전공하기에는 우리 집이 넉넉하지 않다는 것을 누구보다도 잘 알고 있었다. 결국 동생은 음악전공을 포기하고 뒤늦게 공부에만 전념하여 공부 꽤 한다는 애들이 가는 국립대 영문과에 진학했다. 나 또한 음악과는 거리가 먼 안정적인 전공을 선택한 터였다.

동생은 성악에도 재능이 있었지만 내게 드러내지 않

았다. 그저 스스로 돈을 벌기 시작하면서 이따금 성악 레슨을 받았다. 나는 동생의 책장에 꽂혀 있는 이탈리아 가곡 전집을 보고서야 그 사실을 알았다.

동생은 '노래 잘하는 아무개의 동생'이기보다는 '노래 잘하는 누군가'가 되길 원했을 것이다.

가끔 나는 영문학을 전공하게 된 동생을 향해 이렇게 빈정댔다.

"요즘은 독서량이 부족해도 문학을 전공할 수 있나 봐?"

묘한 시기심으로 삐딱해지는 나를 상대할 가치도 못 느낀다는 듯 동생은 별말 없이 제 방으로 들어가 조용히 문을 닫았다.

> 동생이 떠난 뒤로
> 문을 닫는 동생의
> 그 무심한 뒷모습조차도
> 사무치게 그립다.

15.

시간은 담담하게 흘러갔다.

행복했던 순간이든 비참했던 순간이든, 한참을 추억 속에서 헤매다 돌아와도 현실은 아무 일 없다는 듯 흘러갔다. 아침에 일어나 출근 준비를 하고 딸아이를 어린이집으로 보내고 일을 하고.

일상은 계속되었다. 눌러지지 않을 것만 같던 슬픔도 기어이 눌러졌다. 시간은 그렇게 흐르고 있었다. 마치 무슨 일이 있었냐고 묻는 것처럼. 살아 있는 사람들이 숨 쉬는 것만으로도 비좁은 세상이니 죽은 사람에 대한 기억은 어서 자리를 비키라고 조용히 다그치는 것처럼.

동생을 잊는다는 것은 내게 동생을 두 번 죽이는 것과 같은 잔인함이다. 바람나서 헤어진 전남편의 재혼과도 같은 배신감이다. 잊는다는 것, 동생을 잊는다는 것은, 내가 동생에게 잊히는 것 같은 쓸쓸함이다.

그러나 나의 바람과는 달리, 동생은 이미 어렴풋해지고 있었다. 남은 것은 동생의 부재라는 불치의 통증뿐, 정작 통증의 원인은 희미해져 갔다. 애도의 수면 아래 소리 없이 삶을 장악하는 잊음 또는 잊힘이 두려워, 동생의 목소리가 정확하게 떠오르지 않는 밤이면 머리를 쥐어뜯으며 세상에 가장 무익하고 머저리 같은 존재가 나라며 힐난했다.

동생이 웃을 때 고이는 보조개가 어느 방향이었는지 기억이 가물거려지는 순간에는 차마 선반에 올려두지 못하고 수첩에 끼워 둔 동생의 사진을 곧바로 꺼내어 그 애의 얼굴을 머릿속에 새기고 또 새겼다. 곧 쓰러질 사람처럼 휘청대며 길을 걷다가도 방금 나를 스치고 지나간 사람이 꼭 동생만 같으면 어느새 절박한 걸음으로 뒤좇아 가고 있었다. 동생이 아닌 줄 알지만, 동생과 꼭 닮은 뒷모습의 그 사람이 모퉁이를 돌아서 사라질 때까지 바라만 보며 서 있던 적도 있다. 내가 살아 있듯, 그 녀석도 살아서 어디선가 돌아다니고 있을 것만 같은 느낌에 그 자리에 영원히 서 있고 싶었다. 그러나 이내 동생을 더 이상 볼 수 없다는 사실에 돌아서서 길게 흐느꼈다. 짧은 착각의 대가로 몸서리쳐지는 통곡만이 뒤따라왔다.

16.

기쁨, 희열, 기대와 같은 단어는 이제 내 인생 사전에서 지워진 듯했다.

나는 웃지 않으리라 다짐이라도 한 사람처럼 무표정해졌다. 동생을 지키지 못한 죄로 행복할 권리가 없다고 생각했다. 그래서인지 웃는 딸아이의 얼굴에 아무런 반응이 일지 않았다. 재잘거리며 하루 일을 이야기해주는 어린 딸에게 미소 한 번 짓는 일이 어려웠다. 말없이 어깨를 어루만지는 남편에게도 냉담하게 대했다. 그러려고 한 것이 아닌데 억지로라도 웃는 것은 정말 못할 일이었다. 죽은 사람을 너무도 그리워한 나머지 살아 있는 가족을 보살필 애정이 고갈되었다.

그저 나를 포함한 가족들은 어찌 살아가겠지. 살아 있잖아, 우린. 먹고 마시고, 보고 느끼고, 배우고 가르치고, 사랑하고 사랑받고 살아가잖아, 하면서.

억울한 사람은 이 모든 걸 일찍 멈추고 죽어버린 사람이지, 산 사람은 아니라고 생각했다.

17.

그런데 이상한 일이 시작되었다.

세상을 다 산 사람처럼, 이보다 더 나쁜 일은 겪을 일 없는 사람처럼 초연하게 굴면서도 작은 일에 비정상적으로 집착하고 쉽게 불안해했다. 지방에 사시는 아버지나 어머니가 잠시만 전화를 받지 않아도 평소 전화를 걸지 않던 주변 친척들에게까지 전화를 돌려 두 분의 안부를 확인해야 안심이 되었다. 멀리 사는 막냇동생에게는 서울로 올라와 근처에서 얼굴 보며 살면 좋겠다며 말도 안 되는 억지를 자주 부렸다. 딸아이가 실수로 물을 엎지르거나 주스를 쏟으면 내 인생이 얼룩진 것처럼 거칠게 화를 퍼부었다. 남편의 저녁 간식을 검열하며 과식을 한 날이면 불쾌한 티를 여과 없이 보였다. 나 자신에게도 엄격하게 굴어 밥을 거의 먹지 않았다. 체중이 40킬로그램까지 내려갔는데도 더 마르지 않는 내가 싫었다. 직장생활을 하면서도 집 청소기를 매일 두세 번씩 돌렸다. 집이 어지러운 것이 싫었다. 통제되지 않는 삶이 싫었다. 동생을 지키지 못했으니 이제부터라도 잃는 것이 없어야 했다. 하나님도 통제하지 않는 삶, 나라도 지키고 싶었다.

　돌이켜 생각해보면 나를 행복하게 할 수 있는 모든 것에서부터 나를 가두기 시작한 것이다.

그곳은
나만 갇히는 감옥이
아니었다.
나를 둘러싼
모든 사람을
가두기 시작했다.

18.

우리가 먼지보다 나은 것이 무엇일까.

차라리 먼지에게는 기억이 없으니 고통도 없을 것 아닌가. 기억을 증오하면서도 기억에 연연해하는 나는 먼지보다 자유롭지 못했다.

어느새 나에게는 방을 청소하다가 나온 머리카락 중에 동생의 것이랑 닮은 것이 있으면 한참을 손에서 재어보다 치우는 버릇이 생겼다. 유난히 검고 굵었던 그 아이의 머리카락과 같은 것은 세상 어디에도 없었다. 그저 비슷하게 생겼다면 어떻게라도 위안을 받아볼 요량이었다. 위장된 기쁨이라도 좋았다. 허깨비라도 좋았다. 내가 살아 숨 쉬는 공간에서 단 한 번만이라도 동생을 볼 수 있다면.

그러던 어느 날 꿈에 동생이 나타났다.

19.

나는 친정집 옥상에 서서 울고 있었다.

낡은 지붕들이 옹기종기 모여 있는 낯익은 고향 동네의 풍경이 눈앞에 펼쳐져 있었다. 빨랫줄은 빨래가 걸려 있지 않은 채로 한가롭게 흔들리고 있었다. 동네 골목에는 지나가는 사람 없이 한적했다. 어디선가 미풍이 불어 내 옷자락이 흩날렸다. 옥상 가득 봄빛이 넘실대는데 나만 얼음기둥처럼 서서 울고 있었다.

그때 옥상계단으로 동생이 걸어 올라왔다. 올라오면서 평소처럼 나를 쳐다보는 모습이 변한 게 하나 없었다.

동생이다! 내 동생.

나는 꿈인지 생시인지 알 턱도 없이 너무 놀라, 말도 못한 채로 '어…, 어…' 하는데 눈물이 멈추지 않고 계속 흘러내렸다. 동생의 입가에는 특유의 웃는 둥 마는 둥 하는 삐딱한 미소가 걸려 있었다. 동생이 다가와서 말했다.

"이제 고만 울어라, 언니야."

동생의 음성이 내 귀에 들렸다. 내가 감전된 사람처럼 한 발짝도 움직이지 못한 채로 굳어 있자, 동생이 다가와 내 어깨를 가볍게 잡았던 것 같다. 나는 동생의 이름을 부르며 동생을 감싸 안았다. 동생의 몸은 그날처럼 차갑지 않고 따뜻했다. 눈물이 계속 나왔다. 동생은 내 볼에 흐르는 눈물을 닦아 주었다. 나는 손을 들어 숱 많은 동생의 머리카락을 쓰다듬었다.

그러고는 꿈에서 깨어났다.

명치에 맺혀 내내 속을 치받게 하던 울음덩어리 하나가 녹은 듯했다.

> 무언가,
> 따뜻한 무엇인가가
> 나를 감싸 안았다.

그 꿈을 꾼 이후로 나는 조금 덜 울게 되었다.

20.

동생은 의외로 겁이 없었다.

어렸을 때 〈전설의 고향〉이라는 납량특집 TV 프로그램이 있었는데, 겁이 많은 나는 동생의 등 뒤에 숨어서 구미호나 처녀귀신 등이 나타나면 "지나갔니?" 하며 반복해서 물었다. 동생은 눈 하나 깜짝하지 않고서 "아직!" 하고 대답해 주었다.

그 대신 동생은 다른 것을 두려워했다. 창고에서 팔딱거리며 돌아다니는 검은 귀뚜라미와 이름 모를 작은 벌레들 그리고 생선의 비릿한 냄새를 혐오했다. 비위도 약하여서 싱크대의 거름망 비우는 것도 싫어했다.

그리고 이상과 삶이 어긋나는 것을 못 견뎌 했다. 결국 자신의 현실이 꿈으로부터 너무 멀어졌다고 느낀 그날, 겁이 없던 동생은 죽음으로 한 걸음 자신의 발을 내디뎠고

> 어찌 된 일인지 하나님은
> 그것을 수락하셨다.

21.

동생은 죽기 2주 전에 우리 집을 방문했다.

마침 설날 즈음이라서 내 딸이 한복을 입고 있었다. 동생은 자신의 생일 선물로 막냇동생에게 받은 폴라로이드 카메라를 꺼내어 딸의 사진을 찍어 주었다. 동생이 떠나고 나서 보니, 자신과 내 딸이 함께 찍은 사진을 남겨두고 자신은 내 딸의 독사진만 들고 갔다. 흔히들 사진을 찍으면 자신이 나온 사진을 가지고 가고 타인의 사진을 주고 가는 법인데, 동생은 자신을 남겨두고 떠났다.

마치 자신에 대한
어떤 미련도 없는 사람처럼.

용서와 치유

위로는 가까이에

용서와 치유

위로는 가까이에

22.

제부를 다시 만난 것은 동생의 장례식 이후 1년 9개월 만이다.

문자로는 몇 번 안부를 주고받았다. 그러나 얼굴을 다시 마주한 것은 장례식 이후 처음이다.

그를 죽도록 미워해야 했지만, 미워할 기운조차 남아 있지 않았다. 그와 동생이 함께한 모든 순간을 봉인하여 둘이 만나기 이전으로 되돌리고 또 되돌려도, 매번 봉인은 해제되고 끔찍한 결말이 소환됐다. 그 고통을 견디다 못해 그를 향한 분노가 곧 나의 무기력감이 되어갔다. 그를 탓하다 나를 탓하고 그에게 화를 내다 나에게 화를 내는 일을 반복하다 결국 그는 지워지고 나만 남겨졌다.

동생이 죽고 나서 제부는 그의 전화번호를 동생의 번호로 바꾸었다. 자신으로 인해 생을 일찍 마감한 동생의 삶을 자신이 계속 이어가겠다는 속죄의 표시인지 알 수 없지만, 그 때문에 동생의 전화번호는 계속 열려 있었다. 동생이 살아 있을 때와 같이.

동생과는 위태위태한 결혼생활을 이어가면서도 그는 우리에게 예의 바르고 반듯한 모습을 보였다. 그랬기에 동생의 영정사진 아래서 기둥 뽑힌 허수아비처럼 허리가 꺾인 채로 굽어 있던 그의 뒷모습이 지독히도 낯설었다.

사람들이 수군대며 힐끔거리는 시선에 저마저 잘못되면 큰일 나겠다는 마음이 들어서였을까. 그날, 세상에서 가장 나쁜 놈이 되어 홀로 영정사진 아래 버려진 듯 앉아 있던 제부에게 밥을 권했다. 밥을 권하는데, 울어서 쉬어버린 내 목소리가 어서 너도 따라 죽어버리라는 듯 거칠게 터졌다. 그 낯선 음성에 제부는 충혈된 눈을 들어 내게 말했다.

"차라리 저를 욕하고 때리세요."

23.

다행히도 그는 동생을 따라서 죽기보다 자신을 사랑했다. 삶을 버리기보다 아꼈으며, 과거를 기억하며 멈춰 있기보다 앞으로 살아갈 생각이 많은 사람이었다.

제부는 얼마 지나지 않아 하던 공부를 마치고 중국으로 돌아간다고 했다. 아마 돌아가면 다시는 이곳을 찾지 않을 것이다. 제부는 중국인이다. 중국으로 선교 훈련을 떠난 동생은 그곳에서 제부를 만났다. 동생은 중국어를 가르쳐 주던 제부를 사랑했고 두 사람은 여러 장벽을 하나씩 넘어가면서 힘들게 결혼에 이르렀다.

하지만 결혼 이후 예기치 못한 자신들의 자아의 벽은 넘지 못했다. 제부는 좋은 사람이었지만 동생과는 잘 맞지 않았다. 두 사람이 너무나 닮았던 까닭이다.

사람들이 붐비는 어느 쇼핑몰에서 제부를 만났다. 아무 일도 없던 사람처럼 식사하면서 안부를 묻고 평범한 대화를 이어갔다. 대화 끝자락 즈음에 나는 제부에게 모든 것을 잊고 다시 시작하라고 했다. 누구의 잘못도 아니라고.

그러자 제부는 슬픈 눈으로 웃었다.

헤어질 때 제부가 팔을 벌려 나를 안았다. 나는 이때 내가 동생이었으면 하고 간절히 바랐다.

제부가 정말로 화해할 이는 더 이상 안을 수가 없다. 다시 안아보려면 오랜 시간을 기다려야 한다.

그래서 우리는 울었던 것 같다.

24.

겨울마다 지독하게 영혼이 건조해졌다.

2월 중순을 지나 3월에 진입할 때마다 극도의 피로감과 함께 거식과 폭식이 반복되었다. 하루 중 우울감이 가장 극심한 순간은 아이의 하교 시간 즈음이다. 무기력한 여자가 아닌, 엄마가 되어야 하는 시간, 건강하고 밝은 엄마의 모습으로 아이를 맞아야 하는 시간이다. 내면은 쌓다 만 모래성처럼 허술하게 기울어져 있는데 겉은 강철보다 더 반짝반짝하게 닦아보려 애를 썼다. 그러나 위장된 어두움은 쉽게 그 본색을 드러냈고 긍정적인 엄마의 역할극은 이내 파국을 맞았다.

나는 싸늘하게 가라앉은 거실에 우두커니 앉아, 온종일 일하고 들어온 남편의 남은 평화마저 빼내어 한입에 삼켜버렸다.

나는 아이와 남편의 밝은 기질을 사정없이 빨아먹고 사는 흡혈귀 같았다.

25.

결국 나는, 동네를 빙빙 돌아 어느 신경정신과 병원을 찾아 들어갔다.

내 마음속에 무슨 문제 때문에 이런 건지 맞춰 보려면 맞춰 보세요,라는 식의 불온한 태도를 가지고서 말이다. 그런데 제한된 시간 안에 처음 만난 의사에게 무슨 말을 해야만 하는 걸까, 나는 왜 이곳에 와 있는 것일까,라는 생각이 내 이름이 불리는 순간에서야 뒤늦게 떠올랐다. 상담실 안에서 머리가 제대로 돌아가기 시작한 나는 하얀 가운을 입은 의사 앞에서 순식간에 얼어붙었다. 이미 나가기엔 늦어버렸다는 생각에 현기증이 났다. 상담시간 내내 나는 머뭇거리고, 돌려서 이야기하고, 시선을 회피했다. "…같아요" 식의 추정 화법으로 이야기를 질질 끌었다.

그리고 맥락 없는 지점에서 울었다.

내가 치료를 받아야 하는데 내가 말을 더 많이 해야 했고, 내가 울었고, 내가 눈물을 닦았다. 의사는 거의 아무 말도 하지 않았다. 그저 듣기만 했다. "앞으로 잘해 봅시다"라는 의사의 마지막 말만 기억에 남았다. 치료비를 계산하러 나오니 분 단위로 상담비가 붙었다. 돈만 날렸다는 생각에 분노가 치밀었다.

그러나 세상에는 치료비를 내면, 그 시간만큼은 내게만 집중하여 인내심을 가지고 정중하게 이야기를 들어줄 의사가 있다. 마냥 가라앉기만 하던 내 마음에도 어떤 식으로든 지금의 슬픔을 극복해 보려는 용기가 남아 있었다. 이 단순한 자기검증을 마친 후에야 비로소 안도의 한숨을 내쉬었다. '그래, 돈만 날리진 않았어'라며.

생각보다 어렵지 않았다.

돈만 있으면 슬픔도 치료 가능한 세상이고, 단지 돈이 많이 들어 문제일 뿐이라고. 내 슬픔도 낫는 중이라고 생각했다. 비틀려진 희망이라도 좋았다. 동생이 살아 있던 시간으로 돌아갈 수 없다면, 동생과 살았던 나를 잊어버리면 될 일이다.

나는 물어도
대답 없는
하나님에게서
온 힘을 다해 도망치는 중이었다.

26.

동생이 죽은 해에 유명인의 죽음도 잇달았다.

이름만 대면 알 만한 사람들이 안타깝게 세상을 떠나갔다. 몇 분 전만 해도 거실에서 함께 이야기를 나누던 사람인데, 몇 발자국 떨어진 욕실에서 주검이 된 그 또는 그녀를 발견하는 일은 벼락에 맞은 것보다 더한 어마어마한 충격일 것이다. 어제만 해도 감사의 기도문을 자신의 홈페이지에 올린 사람이 한순간에 삶의 끈을 놓고 세상을 떠나버리는 사건은 극한 아이러니라서 더 비극적이다. 이 어이없는 결말에 대해 왜, 어째서,라고 묻다 보면 결국 이 비극의 배후에 자리 잡은 우울의 집요함과 마주한다. 그 집요함이란 사람의 목숨을 호시탐탐 노려 삐끗하는 순간에 생을 베어갈 만큼 치밀하고도 끈질긴 것임을 인정하게 된다.

결국, 그렇게 될 수밖에 없었나 하는 패배감과 무기력함이 살아남은 가족들의 삶을 장악해버린다.

그런 까닭에 이런 뉴스들이 보도될 때마다 우리 가족은 침묵했다. 동생의 기일이 다가올 때는 다들 연락도 잘 하지 않았다.

아프니까, 슬프니까….

너도 아프고 나도 아프니, 그저 있는 자리에서 잘 견디는 것만이 가족들이 할 수 있는 최선이다.

안부도 묻지 않았다. 3월 중순에서 말까지는 잠수 타는 걸로 약속이나 한 듯이. 그리고 4월이 되면 아무 일도 없었다는 듯 연락을 재개했다. 되도록 3월 말을 어떻게 지냈냐고 묻는 일은 피했다. 우리는 살아남았고, 앞으로도 살아남을 것이다. 잘 살아가리라는 보장은 없지만, 굳이 가슴에 묻은 그 독한 녀석을 끄집어내어 슬퍼하기에는 우리 모두가 강하지 못했다.

자살한 가족을 둔 사람들의 모임을 찾아가 볼까 하는 생각을 안 해본 것은 아니다. 서로의 고통을 가장 잘 이해할 것 같은 사람들과 만나 슬픈 상처를 어루만지고 다른 사람들도 위로할 수 있을 것 같은 삶을 꿈꾸기도

했다. 그러나 겁이 났다. 그들의 고통이 두려웠다. 내가 이만큼 겁났는데, 그 사람들의 이야기를 어떻게 감당할 수 있을까. 결국 위로받고자 하는 사람들이 모여 각자가 하고 싶은 말들만 쏟아내고 들어주기만을 바라는 모임만큼 끔찍한 곳은 없을 것만 같았다.

나는 결국 자살 유가족을 위한 상담 모임은 잊어버리기로 했다.

27.

동생이 죽은 다음 해, 나는 특수학급 순회 교사를 희망했다.

학교에서 멀쩡한 척 버티다가는 내 자아가 언제고 침몰할 배같이 불안했다. 그 모습을 남들에게 보여 주기 부담스러우니 나 혼자 조용히 가라앉는 것이 낫겠다는 판단에서였다.

지금까지 나의 위장술은 주변 사람을 속이기에 충분했다. 늘 평안하고, 별일 없이 잘 지내고 있는 어떤 사람으로 비치는 거 말이다. 내면의 붕괴는 적당한 표정 관리와 업무처리만 잘하면 그럭저럭 감춰진다. 인간이 타인의 불행에 그다지 꾸준하게 관심을 가질 수 없는 이기적인 존재라는 사실에 감사하기도 했다. 그러나 갈수록 위장하고 포장하는 일에 기운이 떨어져 갔다. 내 한계가 다가오고 있음을 감지했다. 나는 강가에 띄운 젖은 종이배보다 위태로웠다.

장애가 심하여 특수학교에 나올 수 없는 재택학생들

이나 재활원 학생들의 가정을 방문하여 가르치는 일은 의외로 나와 잘 맞았다. 동료 교사들과 마주치며 억지로 미소지어야 할 일도 없고, 그저 혼자 움직이고 혼자 다니면 되는 일이었다.

28.

그 선생님도 그때 만난 분이다.

다른 학교에서 파견 나온 순회교사였는데, 그분은 초등학생을 담당했다. 재활원의 수업시간이 겹쳐서 만날 일이 많았지만, 서로가 인사만 할 뿐 대화를 나누지는 않았다. 그 선생님은 학기 초에 임신하여 여름방학이 지나자 배가 꽤 불러왔다. 출산휴가를 들어갈 즈음에 함께 식사하기로 약속하고 초밥집에서 만났다. 이야기를 많이 나눈 사이가 아니어서 처음에는 좀 서먹한 분위기였다. 우리는 직장여성으로 가사 일을 다 도맡는다는 게 얼마나 부당한지, 남편들은 어쩜 그리도 집안일에 무관심한지를 험담하며 긴장을 풀었다. 그러던 중 산후조리는 어떻게 할 건지 물었고 그게 발단이었다.

"친정어머니는 안 계세요. 돌아가셨거든요."

"아…, 그러세요. 힘드셨겠네요. 병이 있으셨나 봐요?"

한참 말이 없더니 선생님이 천천히 말문을 열었다.

"네, 우울증이 있으셨어요."

나는 뭔가 짚이는 게 있었지만 더는 묻지 않았다. 그

냥 이렇게 말했을 뿐.

"우울증이라는 게, 무서워요. 제 가족 중에도 하나 있었죠."

선생님은 젓가락으로 초밥 접시를 긁으며 느릿느릿 말을 꺼냈다.

"선생님 가족분은 어떻게 치료하셨어요?"

나는 어떻게 말을 해야 할지 모르다가 시선을 빈 접시에 고정한 채로 말했다.

"작년에 세상을 떠났어요. 우울증인지도 그제야 알았죠."

놀랄 줄 예상한 그녀의 표정은 이상하게도 담담했다.

"저희 어머니는 한강에서 발견되었어요. 며칠 동안 실종되었다가."

그 순간 놀란 사람은 나였다. 귀가 먹먹한 것이 꼭 한강 물속에 있는 것 같았다.

"퉁퉁 불은 시신을 찾았는데, 엄마인지도 못 알아보겠더군요."

우리는 서로 시선을 마주치지 않은 채로 울컥했다. 선생님의 목소리가 떨렸다.

그리고 몇 분 동안 둘 다 흐느껴 울었다.

초밥 접시 위로 눈물이 떨어지고 코끝이 지독하게 시큰거리며 아파 왔다.

어째서 당신과 나는 돌고 돌아 여기서 만난 걸까. 세상에 이런 우연이 또 있을까. 세상에 이런 아픔을 지닌 사람이 얼마나 많은 걸까.

같은 상처를 지니고 같은 공간에서 일하면서도 서로가 마주치지 않으려 했건만, 결국 알아버린 비밀. 그런데 반갑지도 따뜻하지도 않던 지난 시간에 대해 흐느끼는 동안, 서로 말하지 않아도 편안한 느낌이 우리 두 사람을 잠잠히 감싸 주었다. 늘 사람들에게 방어막을 치고 가시를 세우던 우리였는데, 그저 속이 편안해졌다. 안전하다고 느껴졌다. 이 사람은 내가 어떤 지옥을 겪었는지 알겠구나…. 나를 손가락질하지 않겠구나…. 안심이 흐느낌과 함께 찾아들었다.

그 뒤로 어떤 대화를 나눴는지, 어떤 표정이 되어 서로를 바라봤는지 기억나지 않는다. 그저 세상 누구에게도 털어놓지 못할 말들을 가장 절절하고 홀가분한 심정으로 나눴다는 것만 뇌리에 박혀 있다.

우리는 그날 저녁 식사 이후로 다시는 만나지 못했다.

하지만 그 선생님을 생각할 때마다 고마운 마음이 든다. 서로의 아픈 상처를 나누는 것이 그저 일방적이지만은 않다는 것을 알게 해주었기 때문이다. 네가 내 짐을 져줄 여유가 전혀 없다는 것을 알지만 서로가 같은 짐을 지고 있다는 것만으로도, 내 짐이 무엇인지 네가 겪어봐서 잘 알고 있을 거라는 느낌만으로도 충분히 위로가 되었다. 그게 바로 나눔의 비밀이었다.

상처 입은 사람은 같은 상처의 상흔을 지닌 누군가를 알아차리는 것만으로도 덜 외롭게 느껴진다.

우리는 모두 다 외로운 존재다. 누구도 외롭지 않은 사람은 없다. 그저 너도 나처럼 외로웠겠구나 하는 순간, 덜 외로워지는 이상한 존재들일 뿐이다.

돌아가는 길에 갑자기 오늘 일에 대해 하나님께 기도하고 싶어졌다. 동생의 죽음 이후로 처음이었다. 생각해 보면 상담소는 멀리 있지 않았다. 딸아이의 일상적인 수다와 남편의 따뜻한 농담 속에도, 친구들과 마주하며 마시는 한잔의 차 속에도 위로가 존재했다. 심지어 낯익은 동네 주민에게서도 돈 한 푼 들이지 않고 고마운 위로를 얻었으며, 죽어가는 암 환자에게도 넘치는 위로의 말을 받았다. 위로는 멀리 있지 않았다. 그저 내가 마음이 굳어서 느끼지 못하고 있었을 뿐, 분노가 가득 찼던 그때는 결코 알 수 없었다. 나를 위로하기 위한 하나님의 손길은 항상 바쁘셨다는 것을.

어쩌면 나는 알고 싶지 않았을지도 모른다. 슬프고 비통한 이 상태를 벗어나고 싶어 하면서도 막상 그것 아닌 다른 종류의 감정에 내가 위로받을 수 있다는 것을 부정하고 싶었는지도 모른다. 나의 비참함은 그 정도의 위로로는 어림도 없다는 식의 자기 연민에 철저히 찌들어 있었는지도 모른다.

   비로소 나는 알게 되었다.
   계속 슬프고 비참한 채로 남아, 하나님을 영원히 탓하고 싶었음을.

동생의 죽음을
그렇게 하나님 탓으로 돌리며,
나는 그 죽음의 책임에서
자유롭고 싶었음을.

29.

한 친구를 만나고 돌아왔다.

친구의 건강이 걱정되어 전화했더니 어머니가 뇌출혈로 쓰러지셨다며 열 시간 넘게 수술하고도 부은 뇌가 가라앉지 않아 뼈를 못 덮은 상태라고 했다.

이젠 눈물도 나오지 않는다는 친구와 식사를 했다. 둘 다 정말 맛없는 식사를 했다.

친구가 말했다.

"그렇게 기도가 나오지 않더니…, 엄마가 거품 물고 쓰러지시니까 기도가 나오는 거 있지?"

나는 친구의 인생이 평탄하기를 바랐다. 하지만 하나님은 친구의 인생을 그리 두지 않으셨다. 그리고 인생의 높은 파도 한가운데서 친구는 기도를 시작했다.

나는 생각했다. 고통이 우리에게 무엇을 가져다주는지. 분명한 것은 고통으로 말미암아 우리는 하나님을 찾게 된다는 것이다. 그리고 하나님께로 시선을 돌려 질문하기 시작한다. 이 고통이 어찌 된 일인지, 왜 이런 끔찍한 일을 허락하셨는지.

어쩌면 우리의 질문은 여기까지 도달해야 하는지도 모른다.

'내가 어떻게 변해야만 하나요, 주님?'

비록 이 질문이 고통의 무게에 억눌려 잇새에서 흘러나오는 한 줌의 신음같이 잠시 머물다 사라진다 해도 말이다.

소고와 장구를 치며 감사의 제물을 들고 하나님께 나아가는 것이 아니어도

> 고통은
> 우리를 말할 수 없는
> 탄식과 눈물의 제물을 들고
> 하나님 앞에 서게 만든다.

고통이 우리에게 손짓한다.

전능자의 존전으로.

30.

부활절이었다.

하나님의 아들이 십자가에서 죽으시고 다시 살아나셨다. 빈 무덤, 다시 사신 예수, 성도들의 기쁨. 온통 주위가 빠른 템포의 찬양들로 가득했다. 괴로웠다. 동생은 곁에 없는데 부활한 하나님의 아들은 찬송을 받고 계셨다.

동생의 자살은 지금 다니고 있는 교회 사람들은 거의 알지 못한다. 말하지 못했다. 다른 죄들은 담담하게 고백하면서도, 아프게 살다 허무하게 떠난 동생에 대해 말하는 것은 끝내 주저되었다. 이런 종류의 슬픔이 교회 안에서 나뉘는 모습을 여태까지 본 적이 없다.

갑자기 어두워진 내게 그저 아픈 일이 있었나 보다 여겨 친절하게 다가오는 분들이 있었다. 하지만 슬픈 기억은 툴툴 털어버리고 어서 일어나라며 등을 두드리는 위로들이 오히려 상처를 덧나게 했다. 동생은 툴툴 털어내야 할 슬픈 기억이 아니다.

옆자리에 앉아 손뼉을 치며 기쁨의 찬양을 부르는 사람들의 환희가 내 고통의 심장을 단박에 찾아내어 움켜쥐었다. 찬양할 수 없는 입을 가진 나는 그저 숨만 쉴 뿐, 석고상처럼 미동도 없이 앉아 속으로만 악다구니를 놀릴 뿐이다.

'찬송 같은 거 이제 내게 기대도 하지 마세요!'라고.

사정을 아는 사람들은 동생이 정말 신앙을 가졌던 것이 맞을까,라고 조심스럽게 되물었다. 성도라는 이의 자살에 대해 누구라도 그렇게 생각할 수 있다. 그러나 그런 사람들을 만난 이후로 나는 다시는 누군가에게 위로받고자 동생의 이야기를 꺼내는 실수를 범하지 않았다. 사람들은 동생의 죽음의 방식으로만 동생의 인생과 신앙을 폄하했다.

우리들은 살아.서 얼마나 많은 죄를 짓는지 잊어버린 채 말이다.

그때마다 나는 하나님께 항의했다. 동생에 대한 이러한 평가는 당신이 받으셔야 한다고. 동생을 지키셔야 했던 하나님, 동생이 실족하는 그 순간 침묵하신 당신이 받으셔야 한다고.

하나님은 동생의 오랜 신음에도 응답지 않으시고, 동생이 고질적으로 고통스러워한 우울의 늪에서도 건져주지 않으셨다. 동생의 찬양과 기도, 예배의 대상은 오직 하나님뿐이었는데 하나님은 동생의 인생을 그런 식으로 거둬가셨다. 나는 동생의 신앙을 단 한 번도 의심한 적이 없다.

동생의 일기 절반은 하나님께 쓴 눈물의 기도문이었다. 동생은 하나님께 성실했다. 그 순간을 제외하고는.

사람들이 자리를 떠났다. 흥분과 열기도 가지고 떠나갔다. 사람들이 떠난 자리에는 여전히 십자가가 남아 있었다. 고통의 십자가. 전능한 하나님 아들의 죽음. 동생의 무덤은 여전히 닫혀 있고 언제 열릴지 모른다. 내가 보고 싶은 것은 부활하여 영광스러운 예수가 아니라 십자가 위에서 고통스러워하는 벌거벗은 예수다. 하나님이 철저하게 외면하고 버리신 아들 예수, 그 예수 말이다.

지독하게도 하나님은 자신의 아들에게도 침묵하셨지. 새삼스레 그 일이 떠올랐다. 숨이 끊어지는 순간, 찢긴 몸으로 피를 떡칠한 채 간절히 자신에게 부르짖던 아들에게도 그분이 그러하셨음을.

아바 아버지…, 어찌하여 나를 버리셨나이까….

하나님의 아들도 처참하게 고문당하고 십자가에 달렸다. 세상의 모든 죄를 지고 숨을 거두기 직전에, 겨우 호흡을 모아 내뱉은 마지막 탄식조차 외면당했다. 사탄의 머리가 밟혀 으깨지기를 기다리던 천사들도 숨죽이게 만들던, 아버지와 아들 사이에 놓인 그 무서운 침묵. 하나님의 아들도 끝없는 절망감 가운데 홀로 버려졌다.

예수님은 동생의 절망을 아실 것 같았다. 모르실 리가 없다. 온 이스라엘을 떠들썩하게 만든 실패한 메시아, 버림받은 하나님의 어린양 예수가 아니신가.

나는 십자가의 예수, 즉 세상에 조롱받고 비참해진, 전능하신 하나님 아버지에게도 내쳐진 인간 예수의 불행에 기대어 하나님을 비난하고 싶었다.

"하나님께로부터 난 자는 다 범죄하지 아니하는 줄을 우리가 아노라 하나님께로부터 나신 자가 그를 지키시매 악한 자가 그를 만지지도 못하느니라"(요일 5:18)는 말씀을 흔들며 하나님은 실패하셨다고 외치고 싶었다.

얼마나 시간이 흘렀는지 알 수 없었다. 창밖은 어두워졌고 사람들의 온기가 사라진 낡은 예배당은 금세 서늘해졌다. 감은 눈 사이로 죽음 같은 피로가 엄습했다. 주님도 형벌을 당하시느라 온통 피범벅인 채로 십자가에 매달려 계셨다. 십자가 면류관 사이로 삐져나오는 땀 같은 주님의 핏방울이 내 이마 위로 떨어졌다.

그때였다.

"딸아, 내가 너를 사랑해.
네 동생을 사랑해.
내가 흘리는 이 모든 피는
너희를 위한 것이야.
너희의 모든 실수와 실패,
절망과 고통을 내 피로 흘려보낼게.
너의 슬픔을 내게 다오.
너의 절망을 내게 줘.
내가 다 가져가고
네게 생명을 줄게.
하나님 아버지와
내가 함께 계획한 일이야.
끝을 이미 알고 시작한 일.
내가 이 고통을 받아들였어.
이 죽음의 시험을 이겨냈어.
너를 얻기 위해,
네 동생을 얻기 위해."

하나님의 설득이 시작되었다.

자신이 버린 아들, 사망에게 볼모로 내어준 독생자를 내세워서.

하나님이 고백하셨다.

하나님은 단 한 번도 동생을 떠난 적이 없다고. 마지막 그 순간에도 동생과 함께 계셨다고.

절망에 내몰려 삶을 버리려고 그 아이가 뛰어내릴 때, 1초의 망설임도 없이 그 아이를 품에 안으셨다고.

영원한 당신의 팔로 안전하게 끌어안으셨다고.

지금도 안고 계시다고.

결국 나는 울고야 말았다.

그리고 마침내 하나님께 항복했다.

평화가 순식간에 나를 점령했다.

영원한 기쁨이
기어코 나를 울려버렸다.

내 곁에 있어 주는 것이 선물

그날에 그냥 언니였으면 좋겠다

내 곁에 있어 주는 것이 선물

그날에 그냥 언니였으면 좋겠다

31.

하나님과의 열렬한 해후가 있고 난 뒤에도 여전히 나는 모순에 사로잡혔다.

하나님의 선한 뜻을 인정하기보다는 스스로 하나님이 되어 옳고 그름을 판단하고 싶던 하와의 유전자가 내 안에 뱀처럼 똬리를 틀고 있었다. 머리로는 이미 하나님 안에서 답을 발견했음에도 불구하고 가슴은 미련한 질문으로 요동쳤다. 그래서 고집스럽게 묻고 또다시 물었다. 되돌릴 수 없음에도 다른 대답을 기다리며 서성

거렸다. 결과와 상관없이 그 애의 인생은 나와 별개로서 하나님의 주권 아래 있었음을 인정하지 못했다. 인정하고 싶지 않았다.

그 사실을 참아내지 못했다.

하나님을 향한 믿음이 후회의 포말 속으로 해체되어 갔다.

우루무치를 방문했을 때의 일이다.

8일 동안 신장이라는 낯선 땅으로 여행을 떠났지만, 나는 여전히 똑같은 질문을 품은 채 돌아다녔다. 하나님, 동생, 나 그리고 그 무엇. 어제도, 오늘도, 내일도 묻다 지칠 그 질문들을.

나와 아무 연관도 없지만 수시로 부딪히는 신장 사람들, 마치 서로 다른 시간 속에 살아가는 존재들이 한자리에 우연히 모였다가 거품처럼 사라지는 느낌 속에서 내가 이 시간, 바로 여기에 존재해야 할 의미를 찾고 싶었다.

이 먼지 많고 건조한 땅에서 동생은 무엇을 보았던 것일까?

우연히 동생이 훈련을 받은 GBT(성경번역선교회) 단체에서 파송된 선교사님 댁을 방문했을 때였다. 선교사님은 내가 어디선가 많이 본 듯한 얼굴이라며 먼저 아는 척을 하셨다. 아마 보셨을 수도 있겠다. 나와 닮았던 동생을 말이다.

위클리프 훈련에서 1등까지 한 자매인데 선교지에 아직 안 나왔냐는 선교사님 질문에, 나는 그저 동생의 일이 잘 안되었다고만 짧게 대답했다. 서둘러 대답하고 닫히는 입속에서 차마 다하지 못한 말들이 막혀 사장되었다. 눈가가 매캐해지고 목구멍이 먹먹해졌다.

동생은 중국에 오지 말았어야 했다. 그랬다면 제부를 만날 일도 없었을 것이다. 바보! 멍청이!

그냥 영국에 가서 언어훈련을 받게 하는 건데…. 순식간에 어리석은 회의가 마음을 전복시키며 자책의 불을 질러댔다.

이닝이라는 곳에서 밤을 맞았다. 칠흑 같은 밤하늘에 셀 수 없이 많은 별이 펼쳐져 있었다. 아마 하나님은 아브라함에게 저 별들을 보이며 약속하셨을 것이다. 그리고 동생에게도 저 별들을 보이며 약속하셨을 것이다. 그러나 약속하신 이는 있는데 약속을 받은 이가 사라진 지금, 별빛들이 화살촉이 되어 고통스럽게 내 심장에 박혔다. 흔들리는 침대버스 안에서 밤을 새워 울었다. 우느라 잠을 자지 못했다. 크게 울지 못하고 숨죽여 우느라 진이 다 빠졌다. 내 몸의 모든 액체가 다 쏟아지고도 눈물이 계속 흘러나왔다.

먼지 낀 버스 창문으로 동이 터왔다. 밤새 달리던 버스는 이제 종착지에 도착할 것이다. 그러나 나는 어디로 가야 할지 여전히 몰랐다.

차 문에 비친 햇살이 부은 눈을 가로막을 즈음이었을까. 흐느적거리는 뇌리를 관통하며 누군가 내게 말을 걸었다.

"그 아이가 죽었다고 생각하니?
여전히 그 아이는 살아서
약속이 이루어지는 것을
나와 함께 보고 기뻐할 텐데….
나는 산 자의 하나님이란다.
죽은 자의 하나님이 아니라…."

그 순간, 슬픔에 잠식되어 있던 나의 영이 망치로 맞은 듯 깨어났다.

32.

그러므로 이제 그리스도 예수 안에 있는 자에게는 결코 정죄함이 없나니　　　롬 8:1

누가 우리를 그리스도의 사랑에서 끊을 수 있겠는가. 과거와 현재 그리고 미래의 어떤 것들도 예수 그리스도 안에 있는 자들에게는 무력하다. 예수를 구주로 영접한 순간부터 우리의 영혼은 그리스도 그분의 품 안에 존재한다. 동생의 영혼은 그리스도 그분의 품 안에 존재했고, 지금도 그러하다. 우리는 하나님의 것이다. 아무것도 하나님의 품 안에 있는 우리를 빼앗을 수 없다. 그분과 함께 그 약속이 성취되는 것을 보고 영원히 누릴 것이다.

삶을 송두리째 흔들어대던 회의의 광풍이 지나간 곳에는 진리만이 남았다. 나는 그 진리를 믿음의 눈으로 확인하고 내 마음 가장 소중한 곳에 조심스레 담아두었다. 이것이 나의 인증서다. 내가 누구인지 알려주는 인증서. 육신이 쇠약하여 내 기억이 혼미해지고 심히 왜곡되어 혹여 하나님을 부인하게 되는 날이 오더라도, 하나님은 내 심장에 박아두신 그분의 인증서를 알아보실 것이다.

나는 어느 넓은 들판에 서 있다. 나는 이편에, 동생과 하나님은 저편에 서 있다. 같은 들판이지만 아직은 가로지를 수 없다. 이 투명한 시간의 장막을 걷어내고 서로가 마주하게 될 때까지 아직 나는 이곳에 머물러야 한다는 것을 안다. 산 자의 하나님이 나와 함께하시고 동시에 살아 있는 동생과 함께하신다. 우리의 세계는 맞닿아 있다. 하나님의 임재를 막을 곳은 우주 어느 곳에도 없다. 지옥일지라도 말이다.

다시 생각해 보았다. 그날에, 그러니까 우리가 다시 만날 그날에 동생은 아마 빛나는 육체를 가지고 있을 것이다. 내가 보았던 죽음의 흔적은 온데간데없고, 매끄러운 살결에다 영광스러운 광채에 둘러싸여 있을 것이다.

아름답고 사랑스러우며, 이 땅에서 받았던 상처 따윈 찾아볼 수도 없을 것이다.

하지만 궁금해진다. 어리석은 질문이지만, 그때도 내 동생일지가 궁금해진다.

나를 언니로 부르며 달려올 것인지가 못 견디게 궁금해진다.

나는 그날에도 내가 그 애에게 언니였으면 좋겠다.

'성도'라든가,
'주안에서 사랑하는
자매'로서가 아닌,
그냥 언니였으면
좋겠다.

언니로 불러줬으면 좋겠다.

32.

아침에 차를 타고 출근하다 극동방송에서 이 찬양을 들었다.

> 나의 가는 길 주님 인도하시네
> 그는 보이지 않아도 날 위해 일하시네
> 주 나의 인도자 항상 함께하시네
> 사랑과 힘 베푸시며 인도하시네
> 인도하시네

동생이 가장 좋아하던 찬양이다. 동생의 장례식에서도 이 찬양을 불렀다. 그날 황량한 장례식장에 울려 퍼지는 찬양 소리에는 가사와는 달리 의심과 슬픔이 가득했다.

> 광야에 길을 만드시고 날 인도해
> 사막에 강 만드신 것 보라
> 하늘과 땅 변해도 주의 말씀 영원히
> 내 삶 속에 새 일을 행하리

(나의 가는 길, Don Moen 곡)

동생의 믿음은 마치 높은 파도를 보고 실족한 베드로와 같이, 삶 속에 새 일 행하실 그분을 기다리지 못하고 침몰했다. 아니, 정확하게 말하자면 침몰한 듯 보였다. 그랬기에 우리는 절망했고 비통했다. 그 아이의 죽음은 우리가 믿고 있는 하나님의 부재, 하나님의 실패와도 같아 보였기 때문이다.

그러나 우리의 구원이 우리의 어떠한 행위에 있지 아니하고, 그분의 절대적인 주권 아래 있음을 아는 순간부터 믿음의 눈으로 광야에 길이 나는 것과 사막에 강이 만들어지는 것을 보게 된다.

우리에게 구원을 확증하고 계신 주의 말씀이 영원히 변치 않음을, 그래서 우리가 사망 가운데 헤매고 있을 때조차도 주께서 우리와 '함께하심'을 본다.

믿음의 눈으로 말이다.

바다에 빠져 죽게 된 베드로의 손을 잡아 주시며 "믿음이 작은 자여 왜 의심하였느냐"(마 14:31) 하신 그분의 음성을 동생은 분명히 들었을 것이다. 한 번도 자신의 손을 놓지 않으신 그분을, 그 순간 비로소 확신하게 되었을 것이다. 그 애는 지금 평안 가운데 주님 품 안에서 안식하고 있을 것이다.

나는 믿음의 눈으로 이 모든 것을 보고 있다.

33.

회복은 마치 수영과도 같다.

몸에 힘을 주고 물을 거스를수록 오히려 커다란 추를 매달아 놓은 듯 무겁게 수면 아래로 가라앉는다. 죽겠다며 아우성치는 근육통과 물 먹은 코의 얼얼함이 무서워 다시 배우고 싶은 의욕이 보기 좋게 꺾인다.

그러나 출발은 바로 이때부터다. 내 몸에 힘을 실어주지 않는 것. 오직 물의 부력만 의지하고 나의 힘을 놓아버릴 때, 그토록 뜨고자 했으나 가라앉기만 하던 몸이 물을 가르고 앞으로 나가기 시작한다.

주님은
나의 힘이 빠질 때까지
기다리셨다.

그것은 무한한 인내가 요구되는 일이지만, 주님이 가장 잘하시는 일 중 하나이다.

34.

삶의 길모퉁이마다 동생과 함께한 추억이 예고 없이 다가올 때, 나는 이제 슬퍼하기보다 동생과 함께한 즐거움으로 힘써 그 기억들을 껴안을 것이다.

나는 동생이 평소에 그렇게 찾고 갈망하던 '자신'에 대해서 분명히 발견하고 누리고 있을 것이라 확신한다. 삶의 고통과 슬픔으로 인해 어그러지고 왜곡된 자아가 아니라, 주님 안에서 발견한 완전한 자아로 기뻐하며 충만히 안식하고 있기를 바라고 또 믿고 있다.

그리고
주님과 나눈 약속이
완성되고 있음을 보며
기뻐하리라 확신한다.

동생의 일기장에 남겨진 〈아무도 내가 누구인지 모른다〉라는 오래된 질문이 이제는 분명한 답을 얻었을 것이기에 그것으로 동생이 여기 없는 것에 대한 슬픔을 대신하고 싶다.

주님은 우리에게 그 정도의 위로는 충분히 해주실 수 있는 분이다.

35.

발코니에 엄마가 서 계셨다.

늦은 밤 1시가 지났다. 집안은 온통 음식 냄새가 진동했다. 엄마는 수면제를 드시고 나서 일정 시간이 지나면 무슨 행동을 했는지 기억이 없으시다. 그래서 또 음식을 만들어 드신 게다. 콜라 하나를 절반 넘게 마시면서 발코니에 서 계셨다.

"엄마…, 바람이 추워. 어여 들어와 주무세요."

감기보다도 올라가 있을 엄마의 혈당이 더 걱정되어 목소리에 긴장이 묻어났다.

하지만 태평한 우리 엄마, "달빛은 어찌 저리도 밝냐…. 여기에 서 있는 게 뭐 어때서…" 틀니를 뺀 채 호호 할머니 같은 입매로 오물거리듯 말을 흘리셨다.

나는 이때 엄마의 얼굴을 머릿속 사진기로 찍어 두었다.

얼마 전에는 내 퇴근을 기다리면서 둘째의 유모차를 밀고 주차장에 서서 기다리시던 엄마의 모습도. 하얀 수건을 목에 칭칭 두른 채 유모차 손잡이를 꼭 잡고 어둑

한 저녁 그림자가 길게 드리운 주차장에 계시던 모습도.

나는 엄마가 달빛을 보며 무슨 생각으로 발코니에 서 계셨는지, 그 시간까지 잠을 못 주무시고 서성이게 만든 것이 무엇인지 묻지 않았다. 앞으로도 묻지 않을 것이다.

기억하지 않아도 될 일에 대해
여전히 기억하고 계신지
궁금해하지 않을 것이다.

다만 나는 엄마를 기억하고 있다.
기억하는 일이란,
남아 있는 사람들이 할 수 있는 가장 의미 있는 일이다.
엄마는 달빛을 보며 가슴에 묻은 자식을 기억하고,
나는 그런 엄마의 모습을 기억의 방에 저장해 둔다.

물론 엄마는 내일 아침에
아무것도 기억 못 하시겠지만.

36.

생일을 맞아 엄마에게 전화를 걸었다.

장난스럽게 말끝을 늘어뜨리며 "엄마, 나 낳느라 고생하셨소" 했더니 엄마가 이렇게 말씀하셨다.

"나는 너를 낳고 천하를 얻었다."

아버지 생신 때는 찾아가 뵙지 못해 죄송하다 했더니 아버지는 이렇게 말씀하셨다.

"너희가 내 곁에 있어 주는 것만으로도 선물이야."

경상도 어른들이 아예 작정하고 자식 울리려 드신다.

이분들이 대체 왜 이래?

살아 있다는 것 자체로,

소중한 이들에게 "살아 있어 줘서 고마워"라는 말을 듣기에 충분하다.

나에게도 칭찬해 줘야겠다.
살아 있어 줘서 고맙다고.

37.

인생은 이런 것일까.

아프지만
다시 옷자락을 여미고
일어서야만 한다.

38.

얼마 있지 않으면 새해다.

아이들과 남편의 숨소리가 번갈아가며 들리는 새벽, 세상은 온통 크리스마스의 식은 열기와 새해를 향한 새로울 것 없는 다짐들로 가득하다. 예쁘지만 이내 바람이 빠질 풍선들이 새해라는 현수막을 촘촘히 메우고 있는 꼴이다. 곧 풍선은 바람이 빠질 것이고 우리는 너덜너덜해진, 작년과 재작년에도 똑같이 걸어두던 헌 해의 현수막을 보게 되겠지.

시큰둥하게 몸을 돌리다 문득 동생은 지금 어떤 새해를 누리고 있을까 생각했다.

그리고 나도 동생의 그 새해와 맞닿아 있는 주님의 세계에서 살아가고 있음을 기억해냈다.

                새해의 새벽이
              새롭게 밝아왔다.

39.

음악을 들으며 생각해.
너랑 음악 이야기 많이 했었는데
네가 있었으면,
이 곡 한번 들어보라고 그랬을 거야.
반주가 맘에 든다고.

하지만
너는 이미
내가 듣고 있는 이 곡보다
훨씬 더 멋지고
환상적인 곡들에 둘러싸여 있겠지.

40.

인생이 재미날 일도 없고 더 이상 크게 웃을 일도 없을 것만 같을 때, 요한복음에 나오는 가나의 혼인잔치를 떠올린다.

예수님이 베푸신 첫 기적은 포도주가 떨어져 흥이 깨질 뻔한 잔치의 순간에 기쁨을 더하신 일이다. 오히려 더 맛좋은 포도주를 내놓으심으로 혼주와 손님들을 즐겁게 하신 그 일. 그 기적을 생각할 때 마음이 다시 가벼워진다.

특히나 예수님이 물을 항아리 입구까지 채워서 직접 연회장에 가져다주라고 하신 명령을 듣고 순종한 하인들을 생각하면 내 마음이 소망으로 벅차오른다. 손님들과 잔치의 주인은 영문도 모르고 그저 즐거웠겠지만, 물이 포도주로 변한 기적이 어떻게 일어났는지를 직접 눈으로 본 하인들은 단순한 기쁨 그 이상을 경험하는 선물을 얻었을 것이다.

바로 예수님이 누구신지를 아는 그것.

내 인생에서 흥이 깨질 법한 모든 사건이 예수님을

알아가게 하며, 그로 인해 이전보다 훨씬 더 즐거운 인생이 될 것을 말씀해 주신 이 기적.

가나의 혼인잔치에서 예수님이 행하신 이 첫 번째 기적이 흥이 깨져버린 내 일상의 중심에서 잔잔한 기쁨을 일으켜 준다.

우리의 잔치는 계속될 것이다.

점점 더 풍성해지고 더욱더 또렷해지며 더욱더 가까워질 것이다.

그리고 영원토록 지속될 것이다.

41

편지 하나,

바쁘시죠? 샘.

오늘 새벽에는 남편과 함께 새벽기도를 갔어요.

내가 잘 못하는 게 새벽기도인데, 미칠 것 같으니까 가게 되네요.

그것도 남편이 함께 가준다니까 겨우 일어나서 갔어요.

그냥 멍 때리면서 고개 숙이고 앉아 있노라니

이미 새벽은 가고 아침이 와 있었어요.

그 순간

매일같이 한 번도 어기지 않고

아침과 밤을 주시는 하나님의 신실하심에

나의 불확실함을 맡기고 싶은 생각이 들더군요.

얄팍하고 가볍기 그지없고

냄새나기 짝이 없는 내 삶에다 코를 박고 집중하며 괴로워할 이유가 있나?

그냥 그분 하시는 일에 관심을 가지고

매력적이고 사랑받아 마땅하신 그분만

충분히 묵상하다 보면

익숙한 듯

그 나라에서 다시 그분을 만나는 것이 내 인생일진대,

아무리 닦아도 닦아지지 않는 내 자아를

유리알 닦듯 들볶아대는 것이

무슨 소용인가 싶어요.

나는 좀 맘이 편해졌어요. 오늘 아침만은.

갈 수 있는 한 남편이랑 같이 새벽기도를 갈까 봐요.

약 먹는다 생각하고

치료받는다 생각하고

꾸준히 나가야겠다는 긍정적 생각이 사라지기 전에 다닐까 싶어요.

샘은 어때요?

42.

편지 둘,

안녕하세요, 선생님. 살아계시죠?

그냥 바쁠 때인데도 그리워서 문자 날립니다.

엄마가 많이 편찮으셔서 오늘 고향으로 내려가시면 이제 거의 못 올라오실 듯해요.

일 년 동안 아이들 봐준다고 올라오셨는데

돌아보면 살갑게 정내면서 엄마를 대한 기억이 없네요.

그저 바쁘다, 힘들다 소릴 달고 다니면서

부모님께 기댈 생각만 하고 산 못난 딸이었던 것 같아요.

3월은 정말 잔인한 달이에요. 동생의 기일이 곧 다가옵니다.

시간이 많이 흘렀는데도 그날이 가까이 오면 몸이 먼저 반응합니다.

엄마의 병도 그로 인해 더 깊어지는 것 같아요.

그래서 서로 말을 아끼고, 그러다 보니 말수가 적어집

니다.

오늘 내려가시는 엄마를 꼭 안아주고 싶었는데
그냥 손만 흔들었습니다.
흔드는 손에 내 맘이 잘 전달되었을까요?
모녀 사이란 참 먼 거리이기도 합니다.

그럼에도 불구하고 이제까지 인도하신 하나님을 바라보려고 해요.
내 안에 낙심과 허무와 깊은 탄식이 나올 때
지금까지 나를 인도하신 하나님,
앞으로도 나를 인도하실 그분의 선하심을 바라보며 감사하려 합니다.
주님의 나라가 가까이 오고 있으니까요.
그 나라에서는 모든 아픔이 회복되어 있을 테니까요.
지금 누리는 행복 그 이상의 기쁨이 가득할 테니까요.

그래요, 선생님.
또다시 마음을 새롭게 가다듬고 이미 임한 하나님 나

라를 힘써 누리려고 합니다.

익숙해진 슬픔에 잠식되지 않고
예기치 못한 기쁨을 기대하며 은혜로 살렵니다.

함께 동역하는 선생님들도 제 감사의 기도제목 중 하나랍니다.
주 안에서 기뻐하는 하루가 되길 기도합니다.

언니에게 보내는
동생의 편지

보고 싶은 언니에게

안녕! 나 동생이야.
동생이 편지를 써요. 편지 써요(텔레토비 버전^^).
경상도 사투리 듣고 싶지? 내가 멋진 거로 들려줄게, 들어봐.
"여호와는 나의 목자시니, 내사 마 답답할 게 없데이.
시퍼런 들구디로 내 디비지고, 쓰늘한 또랑가로 낼로 땡기신데이.
내 정신 챙기시사 올케 살라카심은 다~ 당신 체면 때문이라
안 카나.
내 죽을 뻔한 골짜구디 껌껌한 데서도
간띠가 부우가 댕길 수 있음은
그 빽이 참말로 여간아이라.

주의 몽디와 짝대기가 날로 지키시네.
내 라이벌 죽일 놈 문디 앞에서 벌로 팍팍 키워준다 안 카나.
내 평생 아무리 복잡다케도 큰 어르신이 만날 날 지켜 주실낀께
내사 마 우짜든지 그 옆에 딱 붙어가 죽어도 안 떨어질란다.
맞데이."

오늘 미전도 종족 선교 세미나에 참석했어.
너무 좋고 은혜로운 시간이었어. 요즘은 영적으로 민감해서 내가 서 있는지 쓰러져 있는지 금방 알 수 있어. 한동안 쓰러져서 허우적거렸어. 살기 싫고 도망가고 싶었어. 삐삐도 동생에게 주고, 나는 선교단체 애들 없는 열람실에서 계속 공부했어. 하나님께 기도드리기를 "내 마음이 하나님 앞에 깨끗했으면 좋겠고, 비전에 대한 두려움이 없어졌으면 좋겠고, 동역자를 만났으면 좋겠습니다"라고 했어. 하나님이 꼭 내 기도를 들어주셔서 내 삶이 응답으로 기쁜 삶이 됐으면 좋겠어. 내가 지금 무슨 소리 하는지 모르겠지? 마음속으로 생각하는 많은 고민과 기도제목이 대부분 생략되고 몇 개의 문장으로만 이 편지지 위에 떨어지고 있기 때문이야.
비전이 뭔지, 내가 선택해야 할 일이 뭔지 고민하지 않고, 내 속에

서 끊임없이 넌 할 수 없을 거라고 속삭이는 사탄의 세력이 물러가기를 기도하는 것이 가장 관건일 것 같아. 전임 사역을 해야 할 것 같다고 생각해도 사탄은 동일하게 두려움을 주기 때문이야. 뭘 하느냐는 중요하지 않겠지. 머릿속에 정리된 만큼 표현이 정리되지 않아서 신경질이 나려고 해.

E도, H도, S도, J도 모두 좋은 소식이 있는 것 같아.
물론 여기서 좋은 소식이란 좋은 형제(?)를 만나게 된 것을 말해. 나는 아직 없어. 불안해서 빨리 좋은 형제를 보내주세요,라고 기도를 진지하게 시작했는데, 웬걸! **학번 형제 하나가 자꾸 쫓아오는 거야. 요즘은 도망 다니기 바빠. 사실 이 형제 때문에 삐삐도 동생 주고, 열람실도 옮겼어. 내가 과민반응하는 건지도 모르지만, 아무튼 매일 연락 오고 매일 찾아오고…. 미칠 지경이야. 더 미치겠는 건, 이 형제가 목회에 헌신한 J대 교환학생이라는 거야. 내가 연하를 왜 싫다 하겠어? 오히려 고마워해야지. 근데 지금 심정은 이 형제만 아니면 다른 사람 아무나 다 좋아할 수 있을 것 같아. 재밌지? 뭐? 재밌다고? 동생은 미치겠다는데!!!

공부 열심히 해서 S대는 아니더라도 서울에 있는 대학원에 갈 거야. 교육대학원이면 더 좋겠지만(왜냐? 내가 북한 대학에서 가르쳐야 하거든^^), 교직에도 영어학에도 별 관심이 안 가. 영문학에만 관심이 가. 이렇게 이야기하고 있는 내가 가엾다. 우리 학교 대학원은 싫어. 물론 여느 다른 학교보다 좋고 입학도 쉽지만 다들 갈 곳 없어서 대학원에 남는 것처럼 생각해서 싫어.

다른 길이 하나 더 있어. 학부 졸업 후에 VIEW라는 밴쿠버기독교세계관대학원에 가는 거야. 영문학 먼저 석사과정 이수할지, 세계관을 먼저 할지는 미결이지만 둘 다 뛰어나야 하는 건 사실이야. 고로 지금은 열심히 고3 때처럼 공부하는 수밖에 없어.

기도해줘.
내가 하나님 보시기에 예쁘고 착하고 신실하고 성실하고 진지하고 깨끗할 수 있도록. 그리고 빨리 통일이 되어서 김일성대학에 강사로라도 들어갈 수 있게. 또 북한 말고 다른 먼 곳에서도 사역할 수 있는 기회가 주어지도록.

언젠가는 이 모든 제목이 다 이루어질 거야. 믿습니다.
(언니, 아멘 해야지!)

1999.03.11

언니에게

기쁘지만 슬픈, 그러나 기쁜 동생이

H에게 보내는
동생의 편지 하나

(편집자 주, H는 제부이다)

이제부터 나에 관한 길고 긴 이야기를 하려고 해!

나는 성격이 못됐어!

내가 보낸 메일을 네가 읽지 않는 것 같아서, 다시 결심했어.

'다시는 너에게 메일을 보내지 않을 거야!'

그런데 하고 싶은 이야기는 많고, 말로 다 표현할 수는 없으니까

이렇게 메일밖에는 방법이 없는 것 같아.

나는 일주일 동안 많은 상상을 해.

'주말에 집에 가면 제일 먼저 한 번 안아주고,

집 청소도 깨끗이 하고, 맛있는 음식도 많이 해 줘야지.'

그런데 막상 집에 가서 너를 만나면, 어색해서 그냥 일만 하게 돼!

청소하는 거, 내가 자꾸 청소만 열심히 해서 짜증 나지?

내가 둘째 딸이라서, 욕심이 좀 많았어.

어렸을 때부터 내 방에는 항상 좋은 물건, 깨끗한 것들만 있어야 했어.

엄마 일은 잘 도와주지 않으면서 내 방 청소는 정말 깨끗이 했어.

일 년에도 몇 번씩 가구를 옮겨가면서 청소를 했어.

그렇게 하고 나면, 스트레스도 풀리고 기분도 좋아졌어.

그런데 내가 결혼을 해서 드디어 나만의 집이 생겼어.

나는 예쁘고 깨끗하게 우리 집을 만들고 싶었어.

매주 네가 예쁜 꽃도 사고, 정리도 잘해서

"아! 이 사람은 이런 점에서 나랑 잘 맞는 사람이구나" 생각했어.

사람들에게 우리 남편은 집 잘 꾸민다고 자랑도 많이 했어.

그런데 너도 알다시피 우리 집이 반지하잖아.

주말에 집에 가면 냄새도 많이 나고 먼지도 너무 많이 있고,

벽에는 곰팡이가 생겨서 더러워져 있고….

제일 먼저 네 건강을 생각하면 빨리 깨끗이 치우고 싶어.

수업하느라고 목이 많이 아플 텐데, 집에 공기가 안 좋으면
건강에 해로우니까.
이불도 자주 털어서 먼지 없애고 방바닥도 치우고….
장마철에는 매주 침대를 들어서 침대 밑을 닦고 치웠어.
너무 습하니까.

그렇게 다 청소를 마쳐야지만
다른 생각을 시작할 수 있어.
저녁엔 뭘 먹을지, 이번 주말엔 무엇을 할지.

내가 바쁠 때 너는
"이번 주말 오지 말고, 그냥 다음에 오세요"라고 말하지만,
나는 너도 너무 보고 싶고 청소도 해주고 싶어서
꼭 집에 가고 싶었어.
나 이상하지?
우리 엄마도 내 성격이 좀 이상하다고 그래.
그런데 이런 성격은 잘 고쳐지지 않나 봐.

아! 나 중국에 있을 때도 청소는 진짜 열심히 했었어!
기억나? Y랑 D한테 물어보면 알 거야.^^
나는 내가 열심히 청소하면 너도 좋아할 줄 알았어.
그런데 내가 밥 먼저 하고 청소하면 되는데,
그것까지 생각을 못하다니….
너무 바보다.
이제는 주말에 가면 시간 봐서 밥 먼저하고,
청소하고 씻으면 되겠다.

정말 이제부터는 주말에는 꼭 내가 음식 만들어 줄게.
그동안 너무 고마웠어.
나한테 맛있는 음식 많이 해줘서.

H에게 보내는

동생의 편지 둘

나의 첫사랑에 관하여

첫사랑이 아니라 짝사랑이라고 해야 되겠다.

내가 대학교에 입학해서 1996년 3월에 선교단체에서 S라는 친구를 알게 되었어.

참 재미있고, 공부도 잘했어.

얼굴이 검고, 키도 컸어. 우리 결혼사진에 보면 있어. 우리 결혼식에 왔었거든.

작년 12월 10일에 결혼했고,

지금은 K대 전자공학과 박사과정에 있어.

이 친구를 1996년부터 좋아하게 됐어.

너 만나기 전까지 계속.

거의 매일 만났어.

같이 선교단체 활동도 했고, 또 도서관에서 같은 자리를 썼거든.

물론 다른 친구들도 다 함께 있었으니, 정확히 말하면 우리 둘만 있었던 건 아니다.

그러면서 나는 점점 이 친구가 좋아졌어.

같이 점심 먹고, 영화도 보고, 집에도 놀러 가고, 서로 고민이 있으면 들어주고.

그러다가 1998년에 같이 집에 가는 길에 내가 먼저 좋아한다고 고백했어.

그런데 이 친구는 대답이 없더라. 그리고 며칠 후에 둘이 같이 우리 집까지 걸어가게 됐어.

밤 12시 넘을 때까지 그냥 걸었어.

그리고 드디어 대답을 들었어.

"너는 아니야."

그런 후에 두 사람 사이가 어색해졌어.

점점 멀어졌지.

나는 그렇게 사이가 멀어지는 게 너무 마음 아픈 거야.

그 친구랑 나는 석사과정에 들어갔고,

나는 중국에 오기 얼마 전까지도 가끔 그 친구 연구실 앞에서 먹을 것을 들고 기다리곤 했어.

그러면서 나는 계속 그 친구와 잘될 수 있으면 좋겠다는 희망을 버리지 않았어.

그런 후 시간이 흘러 나는 2002년 중국을 가게 되었고,

그 친구에게도 여자 친구가 생기게 되었어.

나는 2002년 3월 9일 연길역에서 너를 처음 보게 되었고,

그동안 내가 마음에 두었던 사람은 아무것도 아닌 것 같은 느낌을 받았어.

완전히 너한테 푹 빠진 거지(부끄럽다 ㅋㅋㅋ).

그렇게 해서 나의 길었던 짝사랑은 끝이 나고

나는 드디어 내 인생에 동반자를 만나게 된 거야.

내가 왜 이렇게 재미없고 긴 이야기를 하는지 아니?

나는 네가 너무 좋아.

그게 이유야.

6년을 짝사랑했던 사람도 아무것도 아닐 만큼 나는 네가 좋아.

역에서 처음 봤던 모습, 심양에 간다고 나가다가 아파트 앞에서
마주쳤을 때 모습,
북경역에서 여행팀과 만났을 때 모습, 아직도 너무 생생해.
그때도 지금도, 생각하면 마음이 너무 흥분된다.

너도 내가 좋았니?

H에게 보내는

동생의 편지 셋

그때 일에 대한 변명

중국에 있을 때 몇 가지 안 좋았던 일에 대해 변명하려고.

내가 D선생님께 너무 심하게 말했다는 거,

나도 후회 많이 하고 반성도 많이 했어.

내가 그때 몸이 정말 좋지 않았거든.

갑자기 살이 많이 쪄서 몸에 이상이 생긴 거야

(사실은 너무 잘 먹어서 그랬던 것 같다).

조금 피곤하면 월경을 하는데 혈액량이 너무 많아서 힘들었어.

한번은 여행 중에 기차 안에서 자고 있는데 기분이 좋지 않더라.

일어나보니 바지가 다 젖은 거야.

너무 많이 나왔어.

물론 기차 침대도 많이 젖었어. 상상 이상이었어.
급하게 바지를 갈아입고 돌아왔지만,
침대가 더러워져 승무원이 나한테 욕을 했어.
나는 내가 그렇게 한 것이 아니라고 거짓말을 했어.
왜냐면 남자들도 많이 있었거든.
너무 부끄러웠어.
그런데도 D선생님은 내가 몸이 좋지 않다는 말을 믿어주지 않고,
핑계로만 생각하셨어.
뭐! 다 지난 일이니까….

그런데 내가 너 만나러 북경에 혼자 갔던 날 생각나니?
그때 또 기차에서 월경이 시작된 거야.
나는 기차만 타면 꼭 그렇게 되더라.ㅡ,.ㅡ
북경에 도착했는데 월경 양이 점점 더 많아졌어.
너의 기숙사에 내가 잠자던 침대가 더러워질까 봐 잠을 거의 못 잤어.
가만히 있어도 피가 너무 많이 나와서 움직이기가 너무 힘들었어.
옷도 거의 없는데… 걱정이 되더라고.

그래서 그때 마음이 불안했던 거야.
친구들이랑 같이 카드놀이도 하고 싶고, 나랑 같이 침대에 누워서
이야기도 하고 싶었는데
나는 바보같이 가만히 앉아 있다가 방으로 가버렸잖아.
기억나? 그래서 네가 나한테 기분이 좋지 않냐고 물어봤었잖아.
나 아무 말도 못하고, 너한테 너무 미안했어.
그때 남자 샤워실에서 샤워도 했었어. 냄새 많이 날까 봐 겁났거든.
근데 네 친구의 여자 친구는 너무 예쁘고 날씬하고 키도 크고
내 마음에 열등감이 생기더라.
중국에는 예쁜 여자들 많은데, 너는 나 같은 사람 만나서....
이런저런 생각도 많고, 몸도 좋지 않아서
그때 너에게 피해를 너무 많이 주었던 것 같아.

이게 그때 내 행동에 대한 핑계야.^^
물론 다 잊었던 일이겠지만, 다시 한 번 그때 일을 사과할게.

그래도 끝까지 나 잊지 않고 기다려 줘서 고마워.

H에게 보내는
동생의 편지 넷

나는 참 꿈이 많았어.

중학교 다닐 때는 반에서 50명 중에 5등 정도 했어.
고등학교 올라가서는 성적이 많이 올랐어.
고등학교 졸업할 때는 전교 500명 중에 4등으로 졸업했어.
물론 우리 학교가 공부를 잘하는 학교는 아니었지만,
D시에서 중간 정도 하는 학교였어.

고등학교 다니는 동안에는 장학금도 많이 받았고,
우등상도 받아 졸업했어.
수학능력시험을 좀 못 쳤지만,
나는 S대학교의 좋지 않은 과에 가는 것보다

K대학교 영문과에 가야 한다고 생각했어.
나보다 성적이 좋지 않은 친구들이 사범대에 들어가도
나는 신경 쓰지 않고 그냥 영문과에 갔어.

왜냐면 나는 선교사가 꿈이었거든.

영문과에서 공부를 열심히 했고, 대학원도 들어가게 되었어.
대학원 공부하면서는 GBT(Global Bible Translator)라는
선교회에서 선교사 훈련을 받기 시작했어.
우리나라에서 유명한 선교단체이고,
세계적으로는 WBT(Wycliff Bible Translators) 내에 소속되어
있는 단체야.
나는 1년 동안 훈련을 받았고, 20기 훈련생 중에 제일 성적이 좋았어(안 믿어지지?).
나는 드디어 내가 꿈을 이룰 수 있다는 생각에 너무 행복했어,
아마 내 인생에서 가장 행복했던 시간이었을 거야.
하지만 아직 갈 길이 멀었어.
영국에 가서 2년 동안 훈련을 받고, 교회에서 후원을 받아야

정식으로 파송을 받을 수 있었거든.

선교사님들이 나에게 중국에 가지 말고
이곳에서 선교사 훈련을 계속 받으라고 하셨지만,
나는 꼭 중국에 가고 싶었어(아마 너랑 나랑 운명이었나 봐).
중국에 다녀와서 다시 훈련을 받고
영국이나 미국에 가고 싶었던 거야.
물론 영어 공부를 더 많이 해야 하지.
나는 아직도 영어로 말하는 게 잘 안 되네. 부끄럽다.

그러다가 너를 만나게 되었어.
너에게 내 인생을 다 맡겨도 될 것 같았어.
그동안 내가 생각했던 내 인생이 완전히 달라진 거야.
내가 중국에 다녀온 이후로 이 선교회에서 몇 번 연락이 왔지만,
나는 더 이상 그곳에 갈 수가 없었어.

너랑 같이 있고 싶었거든.

그래서 중국에 가서 살려면 이제부터 준비를 해야 한다는 생각으로
그리고 D선생님의 충고대로
나는 생각지도 않았던 교육대학원에 다시 들어가게 되었어.

내가 여학생 중에 제일 나이가 많더라.
늦게 다시 공부한다는 게 너무 힘들고 돈 걱정도 되지만
너랑 같이 있기 위해서 즐겁게 시작한 거야.
선생님으로 산다는 거,
내가 꿈꿔왔던 미래는 아니지만,
그래도 하나님께서 기뻐하시는 삶을 살려고 노력하고 있어.

그리고 너를 위해서.
지금도 돈 많이 벌어서 너한테 잘해주고 싶은데,
우리 학교 형편이 좀 안 좋네.^^

근데 임용고시, 그건 자신이 없어.
예전엔 정말 공부 잘했는데, 그리고 지금도 사람들이
나는 공부하면 합격할 수 있을 거라고 하는데,

(지금 대학원 사람들은 내가 공부 엄청 잘하는 줄 알고 있어.ㅋㅋ
사실 아닌데….)

나는 이상하게 자신이 없어.

공부할 시간을 만들기 힘들고, 일을 그만두자니 돈이 걱정되고.

뭐! 하나님이 앞으로 잘 인도해 주실 거야.

하나님이랑 너랑 같이 있는 것, 이제 내 인생에 진짜 꿈이 되었어.

너도 나처럼 인생의 큰 결정을 바꿔줘서 정말 고마워.

고마워.

동생의 일기

1999년 5월 4일 도서관

나의 약함을 아시는 하나님,

때로는 불일 듯 일어나는 질투 때문에 내 마음이 도무지 안정되지 않습니다.

쓸데없이 남과 비교하지 않게 하시고

하나님의 창조 목적에 맞는 나 자신을 세워가게 하시며

내 안에 사는 그리스도로 인하여 기뻐하게 하소서.

1999년 5월 6일 도서관

묵묵부답으로 일관하고 계시는 하나님을 고백하고 싶지 않았습니다.
나에게도 자랑할 만한 하나님의 관심, 날 향한 특별한 사랑으로
기도에 응답해 주셨으면 하고 소망해 왔습니다. 다른 그 무엇보다,

하나님께서 날 기억하고 계심을 눈으로 확인하고 싶어서 투정하고 있었습니다. 왜 나에게 무관심하시냐고.

하지만 지금은 눈에 보이지 않는 소망만을 사모할 수 있도록 끝까지 나를 인내하신 하나님께 부끄러운 감사를 드리고 싶습니다. 하나님께서 날 그토록 위해 주시고 계신 줄은 몰랐습니다. 칼을 달라는 딸아이에게 호된 야단을 치지 않으시고 참으신 하나님! 언젠가 나도 남들처럼 기도에 응답하신 하나님을 자랑할 수 있겠지요.

하지만 지금은 주님과 나 사이에 깊은 관계를 회복하는 일에만 집중하겠습니다. 주님! 이런 결심들 뒤에 있을 절망과 실망, 또다시 넘어져 허우적거릴 내 모습이 보입니다. 난 주님께 아무런 약속도 드릴 수 없음을 주님이 더 잘 알고 계시지요? 주님께서 끝까지 지켜주시지 않는다면 난 끝내 약속을 배신하게 될 거예요. 도와주세요. 주님의 언약을, 날 향한 주님의 성실하심을 끝까지 지켜주시기 바랍니다.

1999년 5월의 어느 날

하나님을 향한 열정도 뜨거움도 너무 오래전의 기억만 같습니다.
하나님께서 관심을 가지는 곳에 나의 관심도 있게 하시고, 주님이 안타까워하시는 현실 앞에 눈물을 뿌릴 수 있게 하소서.
말뿐인 나의 신앙, 차갑지도 아니하고 뜨겁지도 아니한 내 마음의 모습을 보고 있으니 가슴이 아파옵니다.
하나님 마음 같게 하소서. 내 마음이 하나님 마음속에 깊이깊이 침전하여 더 이상은 내 마음이 내 마음이 아닌, 그런 삶을 살기 원합니다.
주님을 향한 열렬한 마음을 회복시켜 주시고 나로 내 원수의 눈앞에서 쓰러져 있지 않게 하소서.
날 사랑하시고 내 기도 들으시기를 즐겨 하시는 주님!
혹여나 잘못된 간구가 있다면 내 마음을 돌이키시고, 그렇지 않다면 내 기도에 지체치 마시고 응답해 주시옵소서. 주님의 음성이 들리지 아니할 때의 내 삶은 사막을 걷는 것과 같이 메마르고 목마른 삶입니다.
나를 그냥 홀로 있게 버려두지 마시고 나로 주의 손을 잡고 걷게 하소서.

내 속에 주님을 사모하는 정결함을 허락하시어 주님과 동행하게 하여 주소서.

주님, 주님께서 더 잘 아시지 않습니까!

자꾸만 '난 왜 이거밖에 못 될까'라는 생각만 듭니다.

1999년 5월 24일 도서관

백지만 보면 자꾸 글이 쓰고 싶은데, 역사 속에 글로써 자신의 이름을 남긴 사람들의 글을 읽고 나면 마음만 어지러워지고 글은 잘 써지지 않는다. 지금처럼.

책을 많이 읽어야겠다고 마음먹었다. 마음은 먹으니까 참 맛있는데 책은 좀처럼 소화되지 않아 덮어버렸다. 그러고는 S대에 갈 수 있을 것처럼 대학원 문제집을 꺼내 풀었다. 네 문제를 풀었고, 그중 세 문제를 틀렸다. 세상에는 진짜 천재들이 있다. 대다수 사람은 그냥 평범하거나 어설픈 천재들이다. 난 어설픈 천재다. 나름대로 천재이고 싶어서 단순함을 거부해 보지만 어쩔 수 없는 단순함을 발견하게 되는 어설픈 천재.

요즘은 시도 잘 써지지 않는다. 나무가 좋다. 그래서 나무에 관한 시를 쓰고 싶은데 박용주 시인의 시를 읽고 감동과 더불어 나에 대한 실망만 늘어났다. 그래서 시 쓰는 것도 겁이 난다.

나무가 좋은데. 나무, 나무, 나무….

나뭇잎처럼 살고 싶다. 여름내 태양의 뜨거운 온기를 자신이 몸담은 나무에다 쏟아주고, 숨도 쉬어주고, 아름다움도 더해주고. 그러다 가을이 되어 건조해지면 나무가 목말라 할까 싶어 자신을 희생하는 나뭇잎. 나는 나무가 좋다. 뿌리내릴 만큼의 땅과 잎을 키울 만한 하늘만 있으면 나무는 싸우지 않고도 수십 년, 수백 년의 생을 살아갈 수 있는데 나를 포함한 인간이란 족속은 그렇지 않으니 말이다.

나무는 결코 감상적인 존재가 아니다. 강인하고 멋진 존재다. 나 또한 힘 있고 생동감 넘치는 생을 살고 싶다. 그런데 자꾸 바보 천치 같은 생각만 하고 마음도 늘 엉터리로 가득 채우고 있으니. 하나님과 정말 친하게 지내는 '이 나무'가 되어야겠다. 이봐라. 오늘도 백지를 오염시키기에 충분한, 졸렬함의 극치를 달리는 글만 쓰다 펜을 놓게 되었다.

2004년 1월 4일

내가 잘하고 있는지 그렇지 않은지를 지켜보지 않으시고, 내가 얼마나 많이 주님께 무릎 꿇고 주님을 의지하는지에 더 관심을 가지고 계신 주님! 감사합니다. 그런데 아직도 변화의 여지를 보이지 않는 내 모습은 웬 말입니까. 변화시키고 정결케 하소서.

2004년 2월 27일

시간이 물 흐르듯 흘러 내 나이 스물여덟하고도 한 달이 다 지나간다.
게으르지 말아야지, 하면서 난 왜 이런 걸까.

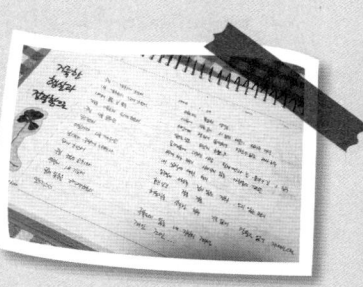

2004년 어느 날

주님, 기도하게 하소서.
나로 기도하는 자 되게 하소서.
나에게 품은 큰 뜻을

기도로 이루는 자 되게 하소서.

주님, 나를 도우시고 일으키소서.

아침마다 나를 깨우시고

날마다 주님께 나가는 자 되게 하소서.

주님, 조국의 교회와 열방이

내 기도에 달려 있음을 기억케 하소서.

일으키소서.

2004년 1월 29일

주님, 참 우울합니다.

돈에 대해 버려지지 않는 욕심과 자신에 대한 회의,

열등감, 자존심….

주님, 참 막막합니다.

고쳐질 가능성이 없어 보이는 성격, 사람과의 관계, 결혼….

주님, 참 두렵습니다.

걷히지 않는 안개가 늘 제 앞길을 가로막고 있습니다.

제 손을 잡고 계십니까? 걷고 계십니까? 제가 잘 따르고 있습니까? 어떻게 되어가는 건지 미리 알 수는 없습니까? 말씀해 주십시오, 주님….

2004년 2월 5일

시간이 빠르게 지나가 벌써 2월 중순이다.

가끔 일기를 쓴다는 건, 시간에 대해 둔해져 있다가 깜짝 놀라며 지금이 언제인지를 확인하는 것과 같다.

일을 많이 해야 한다.

돈을 많이 벌어야 한다.

이런 생각 전에 주님께 가까이 가야 한다.

날마다 다가가야 한다는 생각이 왜 먼저 실천되지 않는 걸까.

기도란 하나님이 나에게 어떤 삶을 살아야 할지 인도해 주시는 통로의 문과 같은 것.

난 늘 그 문 앞만 얼쩡거리다 말고 모든 일을 내 맘대로 결정해 버린다.

2004년 2월 6일

기도하지 않고 늘 일이 잘 풀리기를 바라는 내 삶의 주인은 도대체 누구일까.

이번에도 큰 장벽 하나에 부딪혔다.

뭘 믿고 이렇게 잠도 잘 자고, 밥도 잘 먹는 것인지.

이럴 땐 철야기도도 하고 새벽기도에도 나가야 되는 게 맞지 않나.

하나님! 도와주세요.

만약 주님의 뜻이라면, 또 석 달 이상을 기다릴 수도 있습니다.

그래도 하나님.

만난 지 2년이나 되는 시간 동안 겪은 마음의 무거움이라도

이번에 덜 수는 없습니까?

도와주십시오. 그가 속히 한국에 와서 더 나이가 들기 전에

뭐라도 시작할 수 있도록 인도해 주십시오.

내 생각, 내 계획이 다 잘못된 것이었습니까?

그러면 무엇이 잘못된 것인지 알게 하여 주십시오.

내 뜻이 이기적인 것입니까?

그러면 주님을 위해 사는 법을 몸으로 알게 해주십시오.

주님을 찾게 하여 주십시오.

주님만 의지합니다.
당신의 인도와 도우심이 필요합니다. 하나님 아버지!

2004년 어느 날
하나님, 내 행동을 달아보시는 하나님.
죽이기도 하시고 살리기도 하시는 전지전능하신 능력으로
나의 삶을 이끄시고 간섭하심을 감사드립니다.
위대하셔서 너무 위대하셔서,
혹여 나에게 관심이 있으실까 염려될 때에도
주님의 위대하심은 우주의 광대함보다
내 세포를 다 세고 계신 세밀함에 있음을 고백합니다.
혹여 내 삶이, 내 인생이 주님의 손에 활이 꺾이고
쇠약해지는 인생일까 두렵습니다.
높이기보다 나를 낮추시고
흑암 중에서 나를 잠잠케 하실까 두렵습니다.
주님, 나의 악함을 고백합니다.

나를 주님께 돌이켜 주십시오.
주님의 손에 붙잡힌 삶이 되기를 원합니다.

2004년 어느 날
주님, 일을 주세요.
일을 하고 싶어요.
나를 주님께 묶어둘 수 있는 일을 주세요.

2004년 3월 9일
분명히 한 가지 문제가 해결되지 않으면 아무것도 이룰 수 없다는 확신이 들었다.
난 하나님께 기도하고 매달려야만 한다.
말씀이 나를 지탱하는 유일한 등불이 되어야 한다.
이것이 아니면 난 아무것도 아니다.
직장을 구하고, 한 해 또 한 해 내가 해야 할 일들을 결정하는 것이 나를 지탱해 주지 않는다.

하나님도 그것을 아시기에 나에게 계속 기다림의 시간, 기도의 시간, 인내의 시간을 허락하시는 것일 게다.

회복해야 한다. 난 반드시 다시 일어서야 한다.

2004년 어느 날

하나님, 어제는 일자리를 알아보고 싶어 웹사이트 여기저기를 돌아다니다 지쳐 새벽 늦게야 잠이 들었습니다. 금방 잠이 오지 않았습니다. 내 실력 없음이 부끄럽기도 하고 도무지 어떻게 해야 하는지, 기다리면 내가 하고 싶은 일을 할 수 있는 것인지 알 수가 없어 잠을 이룰 수 없었습니다.

하나님, 제게 적합한 일을 허락해 주시옵소서.

2004년 3월 16일

일자리를 달라고 기도했더니 하나님께서 일을 주셨다.

2004년 3월 19일

하나님, 어떤 이들은 기도하고 기다리면 A다, B다 응답하시는 하나님을 체험한다고 하는데, 저는 늘 그 두 가지를 제가 결정하고 주님께 통보를 내립니다. 내가 할 일이 아니다 생각하고 결정을 내렸다가 다시 해야겠다고 마음을 바꿨습니다. 돈이 필요해서, 날 잡아줄 직장이라는 틀이 필요해서, 일하고 싶어서 결정했지만, 하나님이 정말 기뻐하실까요.

주님! 세상의 돈, 직장, 인간관계 같은 것들이 제공하는 틀에 나 자신을 맞춰가는 삶보다 주님의 말씀에 저 자신을 맞춰가는, 주님만이 내 거푸집 되는 삶을 살기 원합니다.

2004년 3월 27일

온종일 몸 둘 바를 몰라 우왕좌왕했다.
말 그대로 몸 둘 바를 몰랐다.
차가 있어 좋았다.
차를 몰고 목적지 없이 그냥 이곳저곳을 돌아다녔다.

집으로 돌아와서는 어떻게 살아야 하나 계획을 세우고 또 세우고….

하나님!

계획을 세우고 무너뜨리고, 세우고 지우고 하는 것이 내 영혼의 평안에 조금이라도 기여하는 바가 있다면 모를까. 저는 오늘 하루를 죽음으로 향하는 걸음 그 이상의 의미로 살지 못했습니다. 죽음으로 향하는 발걸음. 저는 오늘 하루를 살아간 것이 아니라 죽어간 것입니다.

주님, 만나고 싶습니다. 목소리를 듣고 싶습니다. 주님!

2004년 어느 날

적어도 지금의 대답은 부정적이지만!

정말로 소망한다. 내 삶이 기도와 같기를.

내 삶이 기도가 되기를.

하나님 아버지!

내 속에 평안을 허락하소서.
세상의 명예, 돈, 이런 것들이 주는 안락이 아니라
내 영혼이 누릴 수 있는 평안을 허락하소서.

주님의 동행하심을 느끼게 하소서.
결정을 내려야 할 순간에 내가 앞서지 말게 하시고
주님의 걸음을 놓치지 않을 만큼만 빨리 걷게 하소서.
나의 앞에서 인도하심을 느끼게 하소서.

주님께 내 삶의 아픔, 슬픔, 고통, 두려움
이 모든 것을 고백하게 하소서.
마음속의 소리들을 사람 앞에 쌓아 놓기보다는
주님 앞에 다 내어놓게 하소서.

게으르지 말게 도우소서.
가장 무서운 사탄의 무기입니다.
게으름 앞에 이겨나갈 힘이 없습니다.
사탄은 나를 너무 잘 압니다.

그러나 주님이 나를 더 잘 아십니다.

내 약함을 아시지만,

내 속에 강하게 역사하실 능력이 주님께 있습니다.

사랑하는 마음을 잃지 않게 하소서.

하나님을 사랑하고 우리 반 아이들과

교회와 나라와 모두를 사랑하게 하시고

그 마음의 원동력이 주님께 있음을

잊지 말게 하소서.

2004년 3월 31일

《우찌무라 간조 회심기》를 읽었다.

그의 생각과 삶을 닮고 싶은 마음이 커질수록 지금의 내 삶이 너무 비참하다. 이제 3월을 정리하고 잔인한 4월을 시작해야 한다. 하나님께 돈을 구했더니 돈이 될 만한 모든 기회를 주셨다가 도로 가져가시고는 나에게 시간을 주셨다.

이제 나는 시간을 어떻게 사용해야 하는지에 대한 문제 앞에 서 있다.

한 번도 한 달을 통째로 놀아본 적이 없던 터라 도무지 지금은 어떻게 해야 할지 모르겠다.

4월에 읽을 책 목록을 적어보았다.

책을 읽자. 지적 노동에 시간을 투자하자.

기도하자. 하나님과의 깊은 교제로 들어가자.

절약하자. 벌지 못하는 만큼 쓰지도 말자.

하나님께 내 삶을 맡기자. 앞으로 있을 수많은 시련, 나에게 기대했던 사역의 현장이 주어지지 않을 수도 있고, 그가 생각에 미치지 못할 만큼 형편없는 사역자가 될지도 모르는 이 모든 시련을 지금 겪자. 하나님이 진정한 기회를 주셨을 때 정말 우리 두 사람 모두 정금 같이 설 수 있도록 완전히 준비된 모습으로 기다리자.

2004년 어느 날
물과 피를 다 쏟아내고 죽는다는 것이 도대체 어떻게 죽는 것인지를 한 번도 생각해 본 적이 없었다. 땀방울이 핏방울 같이 떨어질 때까지 힘들어하시는 것도 어떤 것인지 몰랐다.

하나님의 저주, 나무 위에 높이 들린다는 것.

내 죄로 인해 어린양이 목을 떨구고 피를 쏟아낸다는 것이 도대체 어떤 것인지 몰랐다.

나는 무지의 자녀처럼 눈을 어둡게 하고 감각을 무디게 하는 사탄의 꼬임에 잘도 놀아나며 살아왔다.

예수님, 나를 위해 고난받으신 주님.

난 도대체 어떻게 살아야 합니까.

난 주님 앞에 어떤 모습으로 서야 합니까.

어찌 날 용서하실 수 있으셨습니까.

어찌 죽기까지 사랑하실 수 있습니까.

주님, 저는 죄인입니다.

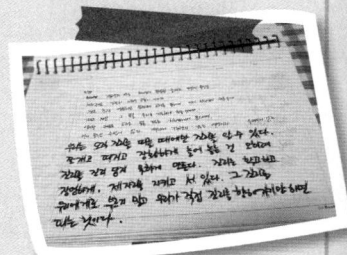

2004년 4월 26일

지금까지 예수님이 '네' 양을 먹이라 하신 줄로 잘못 알고 있었다.

예수님은 '내' 양(예수님의 양)을 먹이시라는데,
난 나 자신의 양들을 먹여야 하는 줄 알고 양들에게 얼마나 소홀했는지 모른다.
4월이 막을 내리려 한다. 번 돈도 없이 또 이렇게 시간이 지나갔다.

2004년 4월 28일
5월이 다가온다.
누군가가 내 자격을 알기 위해 이것저것 질문을 던져올 때, 나 자신의 자격이 어떠한지 알기 위해 대답했다.
"Money"
내 삶의 버팀목이 될 중요한 물질 중 하나인 돈에 대한 시험이 처음으로 내게 다가왔다. 사람이 떡으로도 살아야 한다는 사탄의 음성이 들려왔다. 난 40일 금식하신 예수님의 인격을, 신성을 닮기에는 너무 인간적인지도 모르겠다. 난 떡으로도 살아야 한다. 지금까지 내가 벌어 내 삶을 유지해야 한다는, 그렇게 할 수 있다는 내 교만함에 하나님이 첫 번째 시험 거리를 주셨다. 난 정말 하나님 한 분만 의지하며 살 수 있을까?

주님, 나로 하여금 주님만 의지하게 하소서. 주님이 내려주시는 만나만을 먹고 살게 하소서.

2004년 5월 3일

하나님, 감사합니다.

늘 그렇듯 돌아보면 하나님의 인도하심이 있었다는 걸 알 수 있습니다.

힘들어도, 내 생각대로 되지 않아도 주님만 의지하고 잘 이겨나갈 수 있도록 도와주세요.

내적 변화로는 도무지 극복되지 않던 내 게으름도 극복할 수 있도록 도와주시고, 영국에 가고 싶었던 욕심, GBT에 대한 미련, 이 모든 것도 주님이 적절하게 끊기도 연결하기도 하실 것임을 믿게 해주세요. 당장 그가 한국에 오면 어떻게 해야 할지 길을 보여 주시고 두 사람이 하나님의 거룩한 일에 귀하게 쓰임 받는 자가 되도록 은혜를 허락해 주세요.

2004년 5월 6일

HK학교에서의 첫날, 밥을 먹은 기억밖에 없다.

새벽 1시가 넘도록 과외를 하던 생활과 비교하면 너무 편안한 생활이다. 그런데 이곳의 생활을 무시해서도 안 된다. 곧 피곤해져서 우는소리를 할 날이 올 것이다. 아이들에 대한 사랑의 감정이 깊어질수록 몸이 지치게 될 날도 머지않았다. 일이 날 지치게 하는 것은 참을 수 있지만, 사람들로 인해 지치는 그런 일만 없으면 정말 좋겠다.

비가 내렸다. 새벽에 비가 내리는 소리를 들으면서 마음이 뭉클해졌다. 비록 차가 밀려 두 배나 더 오랫동안 고속도로 위에 있어야 했지만, 아침에 내리는 비를 보면서 하나님이 내 기도를 들으셨음을 확신했기 때문이다.

오늘 내린 비는 어제저녁에 내려야 할 비였기에.

2004년 5월 10일

소식지에 나갈 글이라면서 친구가 HK학교 소개를 부탁했다.

이리저리 망설여진다. 이 일을 잘 시작한 것일까? 잘 시작한 것이다. 비록 내가 뭘 모르고 덤빈 일이긴 해도 이 일이 좋다. 잘 결정한 것이다. 잘했다.

아이들을 사랑하는 마음. 아이들에게 비전과 용기를 심어주는 마음. 내 속에 정신을 더 불어 넣어야 할 의무감이 생겼다. 4~5년 늦어지는 건 20년 안에 이루어질 통일을 두고 봤을 때 아무것도 아닌 셈이다. 이 아이들은 할 수 있다.

2004년 어느 날

하나님, 내 인생이 내 것이 아니라는 것을 고백합니다.

아무도 내 인생의 행로를 결정할 수 없다는 것을 내 삶으로 고백하게 하소서. 안개 속을 걷는 것 같지만 내가 내딛는 한 걸음 한 걸음이 내 결정에 의한 것이 아님을 인정하면서 마음의 평안을 얻게 하소서.

2004년 5월 13일

세상의 그 어떤 형식적인 틀도, 결혼도, 직장도, 가정도 내 영혼의 진정한 안식처가 될 수 없음을 깨닫는다.

본토 친척과 아비의 집을 떠나며 아브라함이 느꼈을 불안감과 막막함은 지금 내가 느끼고 있는 감정과 흡사한 것이었을까? 감히 비교할 수 없는 것이었으리라.

일을 해야 한다는 지난 두 달간의 압박을 해소했다고 안도하고 있을 여유도 없이, 또 다른 문제들이 내 마음속 평안의 자리에 떡하니 버티고 있다.

기도를 드렸다. 말로 설명할 수 없는 내 마음을 끙끙 앓는 것으로 올려드렸다. 그리고 전화를 했다. 이야기가 하고 싶었다. 내 염려와 걱정 속에 존재하는 사람이 아닌, 실재하는 사람과 대화하고 싶었다. 펜이 손에서 미끄러진다.

2004년 어느 날

주님, 주님의 은혜가 내게 족합니다.

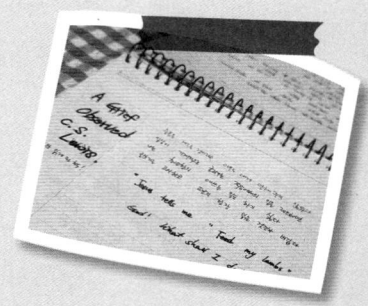

슬픔과 고통을 지날 때도 상실과 획득의 양극을 헤맬 때도
내 삶의 유일한 원동력인 주님의 은혜는 늘 충만합니다.
주님, 내게 주신 은혜를 다른 이들에게 전할 만큼 내 그릇이 준비
되었습니까?
나는 주님이 쓰시기에 어떤 도구입니까?

2004년 5월 20일
세계 인구를 1백 명으로 축소시키면, 50명은 영양부족, 20명은 영
양실조이며, 그중 한 명은 굶어 죽기 직전이라는데, 15명은 비만이
라고 한다. 아마도 난 비만이 아닐까.
숨 쉬고 산다는 것 자체가 죄스럽다. 내게 임한 넘치는 은혜 앞에
서 웬 말인가.

"만약 당신이 전쟁의 위험, 감옥 수감, 고문, 굶주림 등을 경험해
보지 않은 사람이라면 당신은 전 세계 5억 명의 사람들보다 행복
한 삶을 살아온 것이다. ... 만일 냉장고에 먹을 것이 있고, 몸에는

옷을 걸쳤고, 머리 위에는 잘 수 있는 지붕이 있는 사람이라면 당신은 이 세상 75%의 사람보다 잘살고 있는 것이다."

(김혜자 저, 《꽃으로도 때리지 말라》 중)

한 가슴에 난 상처를 치유할 수 있다면
난 헛되이 산 것이 아니리라
한 인생의 아픔을 달래줄 수 있다면
한 고통을 위로할 수 있다면
기운을 잃은 개똥지빠귀 한 마리를
둥지에 데려다줄 수 있다면
난 헛되이 산 것이 아니리라 (에밀리 디킨슨의 시, 〈짧은 노래〉)

종은 누가 그것을 울리기 전에는
종이 아니다
노래는 누가 그것을 부르기 전에는
노래가 아니다
당신의 마음속에 있는 사랑도
거기에 머무르게 해서는 안 된다

사랑은 주기 전에는

사랑이 아니니까 (오스카 해머스타인의 시 〈사랑은〉)

2004년 6월 2일

하나님이 날 바라보시면서 어떤 생각을 하고 계실까 궁금해진다. 순종하겠노라 동행하겠노라 다짐하고 기도하면서도 늘 하나님께로부터 멀리 떨어져 있는 내 모습을 보시는 주님의 마음은 어떨까. 가슴이 답답해 온다. 더욱 나를 답답하게 하는 것은, 나와 함께하시겠다며 늘 사랑으로 인내하시는 하나님의 모습을 닮기에 아직 너무 멀었다는 사실이다.

나도 주님의 인자하심으로 학생들을 대할 수 있을까? 그렇지 않다. 그럴 수 없다. 자신이 없다.

그냥 내 모습으로 다가가리라. 분노하고, 두려워하고, 적당히 물러서 있는 내 모습으로 다가가리라. 이들이 내 손에 있는 자들이 아니라 하나님의 손안에 있는 자로 기억하리라.

주님, 주님의 도우심이 필요합니다. 나를 참으신 주님을 기억합니다. 내 마음과 내 생각을 주장하시고, 예수님이 보혈 흘려서 사신 아이들을 사랑하게 하소서.

2004년 6월 22일

그는 기차를 타고 가는 중이라 했다.

하나님의 도우심이 간절하다. 비자를 받으러 심양에 가는 것만도 벌써 이번이 세 번째다. 이번엔 정말 좋은 결과가 있을 거라는 확신만큼이나 커진 두려움이 우리 두 사람의 마음속에 깊은 자리를 차지하고 있다.

우리는 앞으로 어떻게 되는 걸까. 기차엔 불이 꺼진 지 두 시간쯤 지났겠다. 그는 아마 지난 5년간 연길에서의 생활이 꿈같아 잠이 오지 않을지도 모르겠다. 5개월 남짓 있다가 떠나도 그 아쉬움이 말로는 다 할 수 없으리만치 컸는데. 거기서의 청춘, 대도시를 떠나 연길에서 시작한 젊은 날들을 떠나보내야 한다.

이젠 정말 어디로 가는 걸까.

2004년 어느 날

하나님, 오늘 결과가 나옵니다.

어떻게 될지 알 수 없어 불안합니다.

잘 되는 건가요?

2004년 어느 날

눈에 보이지 않는 것.

마음을 잃지 않고

날로 새로워지는 내 속사람.

영원한 것.

2004년 7월 8일

드디어, 드디어 비자가 나왔습니다.

2년을 애타게 기다려 드디어 같이 있도록 허락을 받았습니다. 국가의 허락을 받았습니다. 아니, 그 전에 하나님의 허락을 받은 것입니다. 감사합니다. 감사합니다. 함께할 수 있다는 것이 감사합니다. 이 사소한 것이 이리도 크게 감사해야 할 것임을 이제야 깨달았습니다.

이제 시작입니다. 무엇을 어떻게 해야 할지를 진지하게 생각해야 합니다. 아직도, 아니 앞으로도 영원히 하나님의 도움이 필요합니다. 도와주세요. 도와주세요. 어찌해야 할지를 보여 주세요. 하나님, 감사합니다. 감사합니다. 나보다 더 내게 필요한 것을 아시는 하나님! 어찌 감사해야 할지 모를 정도로 감사합니다. 인도하심을, 함께하심을 기대합니다.

2004년 8월 28일

내일 일을 너희가 알지 못하는도다 너희 생명이 무엇이냐 너희는 잠깐 보이다가 없어지는 안개니라　　(약 4:14)

이 말씀이 내 마음을 무너뜨리지 않고, 오히려 기쁘게 하는 이유는 뭘까.
아마 아무것도 잃을 것이 없는 내 모습이 한낱 안개에 지나지 않으며 많이 가진 자들도 결국은 잠깐 보이다 없어지는 안개일 뿐이기 때문일지도 모른다.

그동안 수많은 일이 있었다.
정신없이 한 학기를 마쳤고,
대학원 첫 학기 수업을 들었고,
그가 한국에 들어왔고,
학교에 문제가 생기고,
Y선생님이 그만두시고,
그와의 삶은 막막하기만 하다.

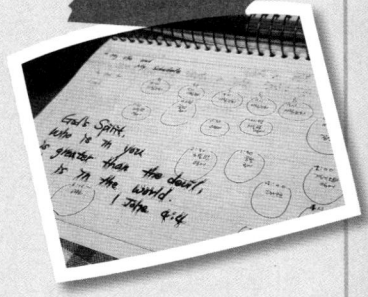

한순간도 버겁지 않은 순간이 없다.

여러 가지 문제로 내 마음이 심란할 때
하나님은 나에게 내 인생이 잠깐 보이다 사라질 안개에 지나지 않음을 말씀하신다.

아빠가 조카를 안고 옅은 미소를 짓고 계신 사진을 보는데
예상치도 못한 울음이 터졌다.
아빠는 언제 이렇게 늙으신 걸까.
아빠가 안고 있는 이 아이는 도대체 누구인가.
시간은 왜 이리도 흘러
도대체 난 지금 어디까지 온 것일까.

내가 안개 같은 존재임을,
하나님이 내 삶의 주인임을 기억하고 싶다.

2004년 어느 날
하나님!
두려운 마음으로, 시작부터 지친 마음으로 일상이 되풀이됩니다.
신학생들이 소리 높여서 기도하는 소리가 멀리서 들려옵니다.
나는 어떻게 하나님께 기도해야 하나요?

갑자기 어린아이가 된 것 같아요.
아니, 난 주님 앞에서 늘 어린아이였죠?

2004년 10월 31일
10월이 31일까지 있었구나!
10월의 마지막 날, 나는 한때 지나가고 없어질 괴로움으로 시간을
보내고 있다.
책상 위의 씨앗은 어느새 풀잎으로 변해 있고
내 머리털도 쑥쑥 자라 오늘은 미장원엘 갔다.
조심스럽게 머리를 조금 잘랐다.
가끔은 참 살기가 싫다.
꼭 해야겠다던 차 청소가 너무 하기 싫고
옆방에서 떠드는 애들을 야단치기도 싫다.
손톱깎이를 찾아 손톱 깎기에 집중하는 일도 싫고
내가 좋아하는 일기장 읽기도 싫다.
숨을 쉬기도, 숨을 쉬지 않기도 싫다.

가끔은 하나님이 내 주변에 있는 사람들을 다 빼앗아 가시고 하나님께만 집중하도록 만드실 때가 있다. 지금이 바로 그때인가 보다.

2004년 11월 14일
보름에 한 번씩 찾아오는 괴로움
하나님 앞에 서야 할 순간
그 간격을 좁혀가야겠다
한때 기분이 우울해진다는 것
시간이 지나면 사라져 버릴 것이란 믿음으로 그냥 꾹 참아 본다.
초승달인지, 손톱 같은 달
찬바람, 겨울의 첫인사

2004년 11월 15일
돈에 대한 미련을 버리기까지는 돈 버는 일과의 끝없는 싸움이 필요한가 보다.

아직 나도 미련을 버린 것은 아니지만, 그가 돈 버는 일에 저리도 버둥거리는 모습을 보고 있자니 난 이쯤에서 포기해야겠다는 생각이 든다.

몇 번 부딪혀보고 나면, 우리의 삶이 돈보다 더 중요한 무언가에 의해 움직여진다는 것을 알게 되겠지. 나는 앞으로 얼마나 더 부딪혀야 하고 그는 앞으로 얼마나 더 힘들어야 할까.

공부에만 집중해 줬으면 정말 좋겠다.

그 방문교사 일자리를 그냥 포기하면 정말 좋겠다.

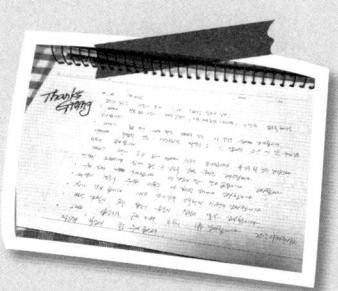

2004년 11월 22일
추수감사절이다.
감사한 일들을 떠올려 본다.

잠시였지만 내게 직장 없는 고통이 어떤 것인지 느낄 수 있도록 하심을 감사합니다.
나에게 좋은 직장, 내가 정말 바라던 일인 이 직장을 주셔서 감사합니다.

여러 가지 복잡한 일들이 많지만, 그냥 이 일을 주신 것은 너무나 감사합니다.

그가 한국에 올 수 있게 하셔서 너무나 감사합니다.

불가능할 것만 같았는데, 만난 지 2년 만에 함께 있을 수 있도록 기회를 주심을 감사합니다.

우리 엄마 아빠, 감사합니다. 더 이상의 말이 필요 없습니다.

감사합니다.

동생이 결혼식을 무사히 마치고 새 가정을 이루게 해주셔서 감사합니다.

조카 G를 주셔서 감사합니다.

그리고 언니 가족 화목하게 하셔서 감사합니다.

반 아이들 감사합니다.

그리고 사랑하는 그를 주셔서 너무 감사합니다.

나 때문에 인생의 궤도를 전면 수정할 만큼 나를 사랑하는 그를 허락해 주셔서 감사합니다.

나도 최선을 다할 수 있도록 마음을 움직여 주십시오.

하고 싶은 일이 아직도 많아서 인생의 꿈이 끝이지 않음을 감사드립니다.

그래서 아쉽고 힘든 일이 많지만 그래도 감사합니다.

하나님, 삶 가운데 늘 감사하는 마음이 끊이지 않도록 인도해 주십시오.

2004년 어느 날

마치 돈 벌러 한국에 오기 위해 결혼이라는 방법을 선택한 사람 같다는 내 말에 그는 그냥 중국으로 돌아가겠다고 했고, 나는 미안하다고 했다.

그렇게 발버둥을 쳐서라도 학비, 아니 방값이라도 벌어야겠다고 생각한 것이 못마땅했던 이유가 뭘까. 내가 바랐던 '공부 잘하는 유학생'이라는 틀에다 그를 집어넣기에는 그의 자존심과 생활력이 너무 강했던 걸까. 방을 구해야 하는데 돈을 어떻게 구할까. 결혼은 어떻게 할까.

마음이 너무 답답하고 복잡할 때 하나님은 감사하라고만 하셨다.

당장 눈앞의 문제에 내 시선을 고정시키지 말고 하나님의 나라와 의를 위해 인도될 내 인생의 멋진 그림을 바라보자. 그리고 그 길을 함께 할 동역자인 그를 사랑하자.

2004년 11월 27일

2002년 8월로 기억한다.

무작정 기차를 탔다. M편에 40킬로그램은 족히 넘을 짐을 부탁하고 나는 25시간 동안 앉아 있어야 도착하는 북경으로 향했다. 기차에 앉아 서쪽으로 해가 지는 것과 동쪽으로 해가 뜨는 것을 지켜보며 꼬박 하루 만에 북경에 도착했다.

기억이 잘 나지 않지만 2시 무렵에 입사 면접이 있다고 나를 왕푸징에 두고 사라진 그.

그렇게 세 시간을 왕푸징에서 보냈다. 이곳저곳 기웃거리며.

갑자기 그때의 일이 떠오르는 이유가 뭘까.

서울에 그를 두고, 나는 일이 있다며 떠나온 기분이 들어서일까.

오늘로 그가 한국에 온 지 101일이 지난다.
지난 100일 동안 그냥 기다리라고 하고는 내 볼일을 보러 자리를 비운 나.
자리를 비우고 있는 동안 그도 수많은 생각들로
머리가 복잡했을까.
미안하다. 이제 다시 돌아가서 손이라도 잡아주며 위로가 되었으면 하는데….
그동안의 모든 복잡함을 다 내려두고,
그동안 나 때문에 수고했다고, 맘고생 많았다고 따뜻한 말 한마디를 꼭 해주고 싶다.
누군가를 사랑하면, 힘들기보다 즐거웠으면 정말 좋겠다.
늦지 않았다.
이제부터라도 즐거운 사랑을 하면 된다.

2004년 어느 날

하나님!

이 사람이 아니었구나 하는 생각으로 한동안 마음이 너무 힘들었습니다.

그런데 하나님, 처음부터 나에게 '이 사람이다' 할 수 있는 사람은 없었다는 사실을 알았습니다. 내가 이 사람에게 좋은 사람이 되어주기를 노력하고, 이 사람이 나에게 좋은 사람이라 믿는 믿음이 사랑을 만들어가는 힘이 된다는 것을 알았습니다.

하나님은 나를 어떻게 사랑하실 수 있으셨나요.

사랑할 구석이 한 군데도 없는 자를 사랑하시고 죽으시는 것도 전지전능한 하나님께만 찾아볼 수 있는 '능력'입니까.

하나님을 닮아간다는 것, 사랑을 배우고 실천하고, 그러면서 하나님을 닮아가는 것.

하나님, 당신을 닮은 사랑을 배우고 싶습니다.

그리고 하나님, 당신을 사랑합니다.

나에게도 사랑이 만들어내는, 사랑할 수 있는 능력이 있기를 소망합니다. 사랑합니다.

사랑합니다.

2005년 3월 23일

석 달을 날아와 나는 2005년 3월을 산다.

1년 전 보았던 〈패션 오브 크라이스트(The Passion of the Christ)〉를 다시 보았다.

나는 죄인이다. 하지만 분명한 것은 나는 예수님의 사랑을 받는 죄인이라는 사실!

나는 주님이 생명을 주고 사신 존귀한 자다.

다시 시작이다. 존귀한 자로서의 삶!

여호와께서 내게 관계된 것을 완전케 하실지라

여호와여 주의 인자하심이 영원하오니

주의 손으로 지으신 것을 버리지 마옵소서 (시 138:8 개역한글)

2005년 6월 27일

2005년에 내가 일기를 쓴 적이 있었나 싶을 정도로 오랜만에 펜을 잡았다.

장마가 시작되었고 어제저녁부터 종일 비가 내렸다.

아! 나는 결혼을 했다. 4월 30일에. 그리고 이제 곧 두 달이 다 되어간다.

주말 부부다. 그런데 주말마다 싸운다. 주말싸움부부.

그래도 주중에는 엄청 그립다. 아, 이렇게 살기 싫었는데.

지난 주말, 그러니까 토요일에도 조용조용 침대에서 싸웠다.

나는 A라고 이야기하고 싶었는데 화가 나니까 RRR이라고 말이 나와 버렸다.

미안하다고 한 열 번 정도 말했다.

그리고 긴 적막이 드디어 막을 내렸다.

"그동안 미안했다. 나도…"

이 한마디에 갑자기 맥이 풀리고 울음이 터져 나왔다.

아무 말이라도 좋으니까 나에게 한마디라도 해줬으면 하고 기다리던 마음에 대답이 날아들었다.

2005년 7월 11일

종일 힘든 하루였다. 일찍 들어와서 쉬었다.

결혼 후 함께 웃고 즐거워한 시간이 거의 없다.

뭔가 곰곰이 생각하고 정리해야 할 필요성을 느낀다.

사랑을 하면 사랑하는 사람에게 뭘 어떻게 해주어야 하나.

난 남편에게서 뭘 기대할 수 있을까.

한국에서 사는 것이 힘겨워 그런 거라면 다시 중국으로 돌아가야 한다.

비전 이전에 가정이다. 가정이 바로 세워져야 한다.

우리 두 사람 사이가 더 위태로워지기 전에 결단을 내려야 한다.

돈이 없어서 그런 거라면 내가 돈을 더 많이 받을 수 있는 새로운 직장을 구해야 한다.

하지만 절대 돈 문제는 아니다. 주말부부가 문제라면 문제일까.

지금까지 사랑하고 있던 거라 착각했다면 지금부터라도 사랑해 보려고 노력해야 한다.

그런데 문제는 나 혼자 노력한다고 되는 것이 아니라는 거다.

하나님! 우리에게 필요한 것이 무엇입니까.

먼저 주님 앞에 바로 서는 것이겠지요.

이번 주일 말씀이 가슴에 사무쳤습니다.
주님, 어떤 상황이라도 주님을 경배하고 찬양하는 삶이 지금 나에게 가장 절실한 자세이겠지요.
주님께 집중하고 주님을 더욱 사랑하겠습니다.
은혜가 넘치는 주말을 보내겠습니다.
사랑은 사람으로부터가 아니라 하나님으로부터 임함을 느끼며 살게 해주세요.

2005년 어느 날
집착하지도 말고
너무 많이 생각하지도 말고
집중하지도 말고
미안해하지도 말자.
사랑하지 않는 것처럼 이틀만 살아보자.
자유로워지자.
나를 돌보자.

믿음이 필요하다.
생각할 시간이 필요하다.
혼자 있을 시간이 필요하다.
어차피 혼자다.
주님이 필요하다.

> 믿음으로 모든 세계가 하나님의 말씀으로 지어진 줄을 우리가 아나니 보이는 것은 나타난 것으로 말미암아 된 것이 아니니라 (히 11:3)

2005년 10월 4일
후회라는 것이 뭔지 요즘 절실히 알게 된다.
다 내 잘못이다.

2005년 10월 6일

지뢰밭을 걷는 기분이다.

목표지점은 아득해서 보이지도 않고

나는 이제 겁이 나서 발을 어디에 디뎌야 할지도 모른 채 멈춰 섰다.

내 자신이 싫다.

무슨 이야기를 어디서부터 시작해야 하나.

시작한다 해도 서로 다른 언어의 장벽은 너무 높기만 하다.

그 높은 장벽을 올려다보기가 버거워 고개를 떨어뜨려 버린다.

땅을 팔까, 땅 아래 깊이를 알 수 없는 또 하나의 벽이 심겨 있다.

남녀의 차이.

돌아갈까.

내가 돌아가기 시작하면 반대쪽으로 돌고 있는 그와의 거리는 더 멀어질 뿐이다. 시간이 없다.

불가능할까.

그냥 멈춰서 있거나 아니면 좀 낮은 장벽 너머로 날 바라볼 누군가를 찾을까

나에게 더 이상 이 사람을 사랑할 힘이 남아 있는가. 아무것도 남아 있지 않다.

길도 없고 문도 없다. 내게 남은 것은 무기력과 자포자기뿐이다.

헤어질 용기는 있는가. 다행히 그조차도 없다.

사랑이 변하나.

누군가 일궈주는 이 없으면 충분히 변한다.

2005년 10월 11일

오늘부터 28일까지 우리는 정신적인 별거에 들어갔다.

내가 먼저 그렇게 하자고 했다.

더욱 안타까운 것은 오늘이 그의 생일이다.

하지만 난 가장 적절한 때에 적절한 선물을 준 것이다.

우리 두 사람은 두 가지가 절실하게 필요하다.

하나는 혼자서 생각할 시간이고, 또 하나는 대화이다.

난 과감하게 첫 번째 것을 먼저 제안했다.

작년 이맘때 헤어지자고 했더니 울면서 용서를 빌던 모습과는

너무도 다르게

그러자고, 고맙다고 하는 이 사람이 더 싫어졌다.

하지만 필요하다면 자를 것은 잘라내야 한다는 마음으로 혼자만의 시간을 결심했다.

결론은 아직 백지다.

2005년 11월 15일
이해는 시간을 요한다.
나는 일기에 나쁜 감정을 담지 않으리라 결심한 적이 있다.
일기장을 펼칠 때 내 마음속에는 여러 가지 색깔의 감정 중 하나가 진해져 있곤 했다.
그러나 지금은 증오도 애정도 그 어떤 감정도 내 속에서 고유의 색을 발하지 않는다.
점점 감정들이 힘을 잃어가고, 나는 무기력해진다.
활기를 되찾고 싶다.
부정이든 긍정이든 강렬한 색 하나가
내 마음을 물들이기를 소망한다.

2005년 11월 28일

"마음속에 내 생각을 붙잡아 두고서 언제나 주님과 함께 하는 것을 원칙으로 삼아 생각이 방황하지 않게 하라. 생각이 제멋대로 돌아다닐 때마다 항상 그것을 되돌려 마음속에 있는 기도실 안의 제자리에다 놔두고 주님과 나누는 대화를 기뻐하라"《영적 발돋움》146쪽).

2005년 12월 7일

만약 나를 방해하는 모든 것이
사실은 나에게 기회를 주는 것들이라면
그것이 나에게 성숙을 가져다주고
존재의 충만함에 이르게 하는 것들이라면
나는 어떻게 할 것인가.

2006년 1월 24일

2005년까지만 쓰기로 한 일기장을 이어서 쓰고 있다
그만큼 글 쓰는 일이 줄었다는 의미겠지.
성경을 너무 오랫동안 읽지 않아 어디서부터
다시 시작해야 하는지 고민이 된다.
하나님께 말할 수 없이 부끄럽고 죄송하다.
나는 올 한 해 내 본연의 모습을 찾아야 한다.
자신에게 솔직해져야 하고 가식의 모든 탈을 내려놓아야 한다.
내가 아닌 나의 다른 모습으로 사는 데는 이제 지쳤다.
2006년은 회복되어야 한다.
긍정적으로 생각하고 모든 일에 주님을 의뢰하고
책도 많이 읽고
기도하고 감사하고, 감사하고 또 감사하길.

그런데 자신이 없다.

2006년 어느 날

오늘의 기분

2005년 12월 7일 나름대로 견딜만함.

2006년 1월 24일 시간은 흐른다. 너무 빨리.

2006년 1월 25일 눈이 피곤함. 밤.

2006년 1월 26일 괜찮음.

2006년 2월 1일 답답함.

2006년 2월 2일 죽고 싶음. 2002년 1월로 다시 한 번만.

2006년 2월 12일 죽고 싶음.

2006년 2월 15일 피곤하고 지루함.

2006년 어느 날

올해 계획

신약 1독. 구약 선지서 읽기.

한 달에 책 2권씩 읽기.

교생 실습.

논문.

교재 개발.

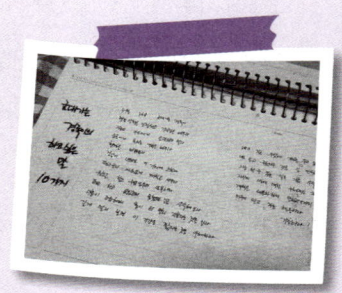

학생들 사랑하기.
부모님께 연락 자주 하기.
신랑에게 잘하기.

긍정적으로 생각하기.
말 줄이기.
기도하기.

2006년 1월 25일

하나님! 내 앞에 산적한 미해결과제들을 봐주세요.

어떻게 해결하는 것이 바람직한지를 아직도 잘 모르겠습니다.

기대와 실망을 반복하다가 이제는 체념한 채로 지내고 있습니다.

살아가는 중에 만나게 되는 많은 문제, 그 대부분은 내 손에서 해결할 수 없는 것임을 고백합니다.

하나님의 도우심과 전적인 개입하심이 유일한 해결책이자 대안임을 고백합니다.

이 문제도 주님께서 해결해 주십시오.

주님의 때가 언제인지 알 수 없으나, 속히 해결되기를 바랍니다.

내가 이 문제에 집착하지 않게 하시고,

하나님이 보시기에 더 절실히 해결되어야 할 영혼의 문제들을 내게 보여 주십시오.

주님과의 관계가 내 삶에 가장 중요하고 우선되는 문제이기를 소망합니다.

2006년 마지막 일기

하나님! 오랜만이죠.

나에게 하나님이 느끼고 계실지도 모를 배신감을

이제 저도 조금씩 알아갑니다.

하나님! 늘 우선순위에서 밀려나는 주님과의 약속에

너무 죄송하고 죄송합니다.
결단과 헌신, 그러나 그 결단을 지키지 못할
나 자신에 대한 의심으로
나 스스로를 믿을 수가 없습니다.
하나님! 올 한 해는 그 누구에게보다 하나님께
기도를 많이 하는 한 해가 되게 해주세요.
내 마음을 강력하게 이끌어 주세요.
그렇지 않으면 다른 것들에 너무 잘 현혹되는 저입니다.

하나님이 그리웠어요.
살면 살수록 어떻게 살아야 하는지 더 모를 삶이지만
내 발이 반석 위에 있고
내 몸이 주님의 날개 아래 있음으로
그 어떤 바람과 파도가 나를 해하지 못하게 하소서.
당신만 의지하며 살기를 간절히 소망합니다.
내 삶의 길이요,
내 생각의 진리요
내 호흡의 생명이신 주님.

그리운 처제와의 대화

화목한 우리 언니네로 살아가자

형부 씀

다시 꺼내 본 처제의 일기장

아내가 쓴 책에 들어갈 글을 부탁받고 어떻게 글을 써야 할지 고민하다가 처제의 일기장을 다시 꺼내 본다. 창고 한편에 올려져 있는 바구니에 담긴 링 다이어리, 잘 정돈된 스케줄, 깔끔한 글씨. 예전에 펴보고 안 본 지 13년이나 지났다. 그 일기장은 역시 처제의 숨결이 담겨 있다. 아내 있는 데서는 왠지 눈치가 보였다. 정확히 이야기하면 자신이 보는 데서는 읽지 말아 달라는 메시지를 주는 듯했다. 가방에 며칠째 넣어 다니다가 모두가 잠든 새벽녘이 돼서야 꺼내 읽어본다. 형부인 나는 30대

중반에서 이제 40대 후반이 되었는데, 일기장 속의 처제는 여전히 20대 후반이다. 처제의 일기장을 펴고 처제와 대화를 나누었다.

영어

"처제하고 나하고 영어를 좋아하고 많이 쓴다는 공통점이 있는 것 같아. 내가 만약 일기를 썼다면 처제처럼 성경 구절들, 들었

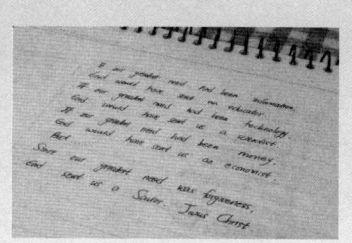

처제는 영어로 일기 쓰는 걸 좋아했다

던 좋은 말들을 이렇게 영어로 써놓았을 것 같아."

"네, 언니가 자기만 영어 못한다고 투덜거리기도 했죠. 형부, 요즘도 영어공부 열심히 하세요?"

"응, 요즘도 열심히 하려고 해. 그때는 미국 학술연수를 가게 되어서 열심히 했었지. 미국에 가게 되면 언니와 처제도 다 같이 가자고 한 거 기억나? 처제가 영문학 전공이니 영어를 모국어로 쓰는 곳에 얼마나 가고 싶을까 생각했거든."

"네, 기억나요. 그러면 제가 '정말요?' 하면서 '근데 저는 영국 가고 싶어요'라고 대답했죠."

영화표

"와~ 무슨 영화를 이렇게 많이 봤어? 〈태극기 휘날리며〉, 〈반지의 제왕〉, 〈말죽거리 잔혹사〉, 〈홍반장〉, 〈어린 신부〉, 〈트로이〉, 〈슈렉〉 일기장에 있는 영화표를 보니 당시에 나온 영화는 다 본 것 같네."

"제가 친구들 만나서 영화 보는 것 좋아해서요. 영화 보고 나서 영화에 관한 이야기하면서 스트레스 많이 풀었죠. 참, 요즘도 명절에 심야영화 보러 가세요?"

"응, 요즘도 명절엔 아이들 부모님께 맡기고 막내 처제네랑 꼭 심야영화 보러 가. 나도 처제처럼 영화 보고 이야기하는 거 좋아하는데, 이야기 많이 못해 본 것이 너무 아쉽다."

아픔과 미안함

"처제가 돈이랑 진로에 대해 그렇게 고민과 걱정이 깊었구나. 한 번씩 볼 때마다 늘 방긋 웃으며 이야기해서, 언니 통해 듣기는 했지만 그렇게까지 힘든 시기를 보내고 있었는지는 몰랐어. 형부가 아무런 도움이 되지 못해서 정말 미안해."

"아니에요, 형부. 부모님께도 또 저나 동생에게나 언제나 든든한 형부예요. 언니네가 늘 화목해 보여서 너무 좋았어요."

"일기장을 다시 보니, 동서가 한국에 와서 결혼하고 살면서 그 부담감과 답답함이 한계를 넘어 마음에 병이 된 것 같네. 난, 선교 가서 현지 사람 만나 결혼하고, 또 힘들지만 꿋꿋이 살아가는 처제를 어디 가서 자랑만 했지, 그 마음이 어떤 상태까지 이르렀는지는 헤아리지도 못했네. 정말 미안해. 내가 나서서라도 두 사람 헤어지게 하고, 다시 시작해도 된다고 힘이 되어 줬어야 했는데…"

"……"

아내와 처제의 일기장

일기를 덮고 곤하게 자는 아내의 얼굴을 본다. 처제를 먼저 보내고, 그 많은 밤을 일기장을 보면서 울고, 또 늦게까지 글을 쓰면서 내가 자는 얼굴을 이렇게 봤겠지. 몇 년 전에 아내가 쓴 글을 읽고 놀란 적이 있다.

"그때 나는 뭐 했어?"라고 물으니, "여보는 코 골며 잘 잤지"라고 웃으며 대답했다.

아내의 말로는 나의 무딤 그리고 해맑은 유쾌함이 오히려 잠 못 드는 밤을 같이 보내는 것보다 자신이 힘든 시기를 더 잘 보낼 수 있게 했다는데 어디까지 믿어야 할지 모르겠다.

해마다 처제가 하늘로 떠난 날이 오면 아내가 이유 없이 아프다거나 특별한 일 아닌 것에 울음을 터트리는 것을 자주 봤다. 학기 초라서 예민해서 그렇다고 했지만, 내가 그 이유를 모를 리 없다. 고속도로를 타고 처가에 내려가는 길에 그 지점을 통과하게 되면 약속이나 한듯 조용해졌다. 아예 그곳으로 가지 않기도 했다. 오래된 사진첩에서 처제 사진이 나와 아이들이 누구냐고 물을 때 잠시 머뭇거렸던 우리.

신학자 김세윤 교수님의 글*에서 우리의 심경을 헤아려 주는 부분을 읽었을 때 우리가 같이 엄청 기뻐했지! 돌이켜보면 우리 가족에 대한 주님의 특별한 돌보심과 간섭하심으로 버텨올 수 있었지.

여보, 내가 더 당신을 사랑할게. 이제는 밤에 일기 보며 울 때 같이 울고, 다음 날에는 더 유쾌하고 재밌게 시간 보내자. 그래서 세월이 흘러 하늘나라에서 처제 만날 때까지 처제 일기장 감사 제목에 적힌 대로 '화목한 우리 언니네'로 계속 살아가자!

---

* 김세윤 교수, "자살하면 지옥 간다는 사람이 지옥 갈 거다"
한국 교회 교인들의 '율법적이고 근본주의적 사고방식' 지적
http://m.newsnjoy.or.kr/news/articleView.html?idxno=26254

에필로그

끝나지 않는 슬픔

 울고 있을 때는 그냥 울라고 하면 좋겠다.
 네가 슬퍼하는 것은 유년기에 겪은 어떤 트라우마 때문이라느니, 감정의 역전이(逆轉移) 때문이라느니 하는, 유리알 같이 매끄럽지만 인정머리 없는 말들보다 그냥 같이 울어주면 좋겠다.

 나는 시간이 갈수록 눈물이 많아졌다.
 요즘은 기쁜 말을 할 때도 울고 슬픈 말을 할 때도 운다. 나의 울음은 예고 없이 툭툭 터져 나와 상대를 당황하게 만든다. 하도 자주 눈물을 터뜨리다 보니 이제는 내가 울어서 무안한 것보다 내가 울어서 상대를 놀라게

한 사실이 미안할 정도로 낯이 두꺼워졌다.

그런데 나와 함께 울어주는 사람은 드물었다.
나의 슬픔으로 인해 눈이 벌게지며 함께 코를 훌쩍일 줄 아는 사람은 드물었다. 비록 그 눈물이 나로 인한 것이든 자신의 개인적 슬픔으로 인한 것이든 간에 함께 찔찔거리며 이 슬픔에 애간장을 녹여 애통해 주는 사람은 별로 없었다.

나는 울 때마다, 나와 함께 울어줄 누군가가 있었으면 했다.
우는 사람 곁에 있는 그 곤혹스러움을 알면서도 내 서글픔은 실례를 무릅쓰고라도 그런 이를 곁에 두고 싶어 했다.

동생이 떠난 후로부터 나는 슬펐고 지금까지도 슬프다.
왜 슬프니, 아직까지도 슬프면 어떻게 하니,라는 식의 말들이 마음속 깊은 곳에서 울려 퍼지지만 앞으로도 나는 슬플 계획이다. 슬퍼하며 울 생각이다. 그리고 이런 일로 슬픔 가운데 흐느끼는 사람들과 함께 울 생각이다. 무슨 목적이 있어서도 아니고, 앞으로 어떤 계획이 있어서도 아니다. 그저 함께 울 사람이 필요한 누군가의 곁에 머물고 싶다. 내가 울 때 간절히 원했던, 함께 우는 사람이 되어주고자 함이다.

"하나의 상처와 다른 상처가 포개지거나 맞닿을 때 우리가 지닌 상처의 모서리는 조금씩 닳아서 마모되는 게 아닐까. 그렇게 상처의 모서리가 둥글게 다듬어지면 그 위에서 위로와 희망이라는 새순이 돋아나는 건지도 몰라"(이기주 저,《말의 품격》중)라는 글귀처럼.

그때가 되면, 우리는 흐르는 눈물을 닦고 언제 내가 슬프고 외로웠냐는 듯 씩씩하게 그분 품으로 한걸음에 안길 것이다.

그때까지만 여기서 울고 있겠다. 나는.
울고 있는 당신과 함께.

추천의 글

그리움에서 화해로,
그리고 더 깊은 삶의 세계로

2017년 한 해 동안 1만 2,463명이 자살로 인해 죽었다. 그나마 많이 줄어든 숫자이다. 자살이 가장 많던 2011년에는 1만 5,906명이 유명을 달리했다. 자살은 대한민국 사망원인 5위다. 우리나라 사람은 암, 심장질환, 뇌혈관질환, 폐렴 그리고 자살의 순으로 많이 죽는다. 다음으로 당뇨병, 호흡기질환, 간질환, 교통사고, 고혈압 등이다.

사람들은 자살을 숫자로 인식한다. 아주 객관적인 입장에서 그 많은 숫자의 죽음을 대한다. 가끔 뉴스에 절절한 사연이라도 나오면 혀를 몇 번 찰 뿐이다. 그리고 잊어버린다. 그러나 그렇게 죽은 그 한 사람을 주목해서 보면 다른 면이 보인다. 한 사람이 죽는 데 어떻게 이유가 한둘일 수 있겠는가? 수십 수백 가지 죽음의 이유가 있을 것이다. 남은 가족은 그 이유를 하루하루, 아니 매시간 곱씹는다. 하나하나 그 이유를 돌아보며 후회하고, 자책하고, 분노하고, 절망한다. 내포된 많은 이야기를 떠올리며 나를 두고 간 그와의 화해를 시도한다. 나이테처럼 켜켜이 그 화해의 장면들을 쌓아간다. 아주아주 오랫동안 말이다.

내가 만나는 유가족 중에는 수십 년 전 그렇게 돌아가신 아버지와 또 그렇게 가신 어머니와 화해 가운데 사는 이들이 있다. 아직도 그 일을 생생히 기억하며 이야기한다. 온갖 가정법을 써가며 돌이켜 보기도 하고, 감정을 토해내며 대화를 시도하기도 하고, 그로 인해 변형된 자기 인생을 돌아보기도 한다. 그들의 이야기를 들으면 벌써 40년, 20년의 세월이 흘렀지만, 아직도 토해낼 것들이 많다. 그만큼 깊은 상처로 남아 있기 때문이다.

《상실의 위로》를 쓴 저자의 동생은 자살로 생을 마

감했다. 사람들은 장례식장에서 그녀에게 묻는다. "왜 그랬다니? 젊은 애가… 아무도 몰랐다니? 저 지경이 되도록…" 결국 죽은 자에게 질책을, 남은 자에게 상처를 남긴다. 유가족은 이 질문을 곱씹으며 산다. 죽은 자에 대한 원망과 자신에 대한 책망으로 이 질문을 이어간다. 그리고 끝내는 저자의 고백처럼 '처음으로, 내가 죽었으면 하고 생각' 한다. 그래서 유가족의 자살률은 보통 6배가량 높다. 그런데 우리는 무심(無心)히 던지는 저 질문 외에 아무 관심을 가지지 못한다. 어색하기도 하고 불편하기도 한 관계로 우리는 자살을 외면하고, 그 아픔을 가진 이들도 외면한다.

교회라고 예외는 아니다. 저자가 맞닥트린 것과 같이 장례의 거부는 일상이다. 저자의 고향 교회는 어려서부터 다닌 곳이다. 가족 모두 신앙이 좋다고 칭찬받으며 성장한 성도인데 자살이라는 이유만으로 장례는 거부되고, 그 인생과 가족도 거부된다. 어디선가 들은 '자살하면 지옥 간다'는 한 문장 때문에 그 누구를 끝내 지옥으로 보내고, 남은 자들을 향한 위로마저 거부한다. '믿음으로 구원받는다'라는 이 명쾌한 개신교의 명제는 자살이라는 한 사건 앞에서 냉정하게 날아간다. 그 무엇이 아니라 '믿음'으로 말미암아 구원받는다는 이 간단하면서, 위대한 진리를 밟아 버리는 것이다. 유가족 대부분은 바로 이 장면에서 절망한다.

저자는 언니로서 깊고 어두운 터널을 지나는 이야기를 썼다. 그런데 왜 죽었는지, 누가 내게 상처를 주었는지, 어떤 비수가 그 가슴에 꽂혔는지는 애써 외면했다. 나는 이 책에서 두 가지 키워드를 꼽으라면 동생에 대한 '그리움'과 하나님과의 '화해'라고 본다. 자신을 두고 그렇게 가버린 동생이지만 애처롭게 그리워한다. 꿈에서 만나 눈물 흘리고, 동생과의 기억을 돌아보고 눈물 흘리며, 동생의 모습을 다시금 새기고 있다. 동생은 그에게 상처로 남지는 않았다. 단지 애잔한 동생이다. 그가 말하듯 천국에서 볼 때 성도라든가, 주안에서 사랑하는 자매로서가 아닌, "그냥 언니였으면 좋겠다"고 한 것처럼.

유가족은 대부분 하나님께 대한 원망이 크다. 그래서 설교를 들으며 많은 상처를 받는다. 그렇게 좋은 하나님이 내겐 왜 그러셨냐는 원망이다. 그런데 저자는 하나님의 은혜로 들어간다. 주님의 품에서 안식을 누리고 있을 동생을 만날 생각을 한다. 죽음마저도 선하게 만들어 가시는 하나님을 만나고 있다. 이 글을 읽으며 어떻게 이렇게 하나님의 인도에 자신을 맡길 수 있는지 '대견'스럽기까지 하다. 오히려 죽음을 통해 더 깊은 신앙의 세계로 들어가는 모습을 보게 된다.

절망 가운데 있는 사람들은 이 책을 읽기를 바란다. 당신이 떠나면 남은 이들이 어떤 고통으로 살아가야 하는지를 바로 보았으면 한다. 특히 떠나보낸 유가족들이 이 책을 꼭 읽어보면 좋겠다. 저자가 새겨놓은 발자국을 따라 걷다보면 생을 붙잡을 수 있을 것이다.

그리고 큰 용기를 내어 책을 출간한 저자에게 감사한다. 상처를 다시 곱씹으며 힘들었을 텐데 그 과정을 견디고 이렇게 책으로 엮은 그 수고에 감사한다. 마음이 아픈 많은 독자가 이 책을 통해 생명을 선택할 수 있을 것이다.

조성돈 교수
실천신학대학원대학교, LifeHope기독교자살예방센터 대표

추천의 글

고난의 연대기에서 희망의 연대기로

5년 동안 주야로 죽음만 묵상하던 고난의 연대기가 있었다. 나는 목사지만, 죽고 싶고 죽이고 싶은 고통 앞에서 불가항력이었다. 목사이었기에 더 힘들었다. 타인의 시선을 의식했고, 나 스스로 목사라는 작자가 그 모양이냐, 라는 자괴감에 어쩔 줄 몰랐다. 그러면 안 되는 줄 알지만, 신앙이 있어도 목사라도 죽고 싶다. 하나님의 아들 예수 그리스도도 겟세마네 동산에서 그토록 괴로워하지 않았던가.

그런 내가 죽지 않고 죽이지 않고, 살았고 살리는 일을 한 것은 책을 읽었기 때문이다. 미친 듯이 읽어댔다. 책 속에는 감히 나 따위가 견줄 수 없으리만치 훌륭한 분들이 내게 말을 걸어왔다. 책에서 말을 거는 그들은, 나는 명함도 못 내밀 극심한 고통을 받고 있었다. 그들의 이야기가 내게 위로가 되었고, 죽을 만큼 힘든 내 고통을 견디는 법을 일러주었다.

《상실의 위로》가 그 당시 내 손에 들려있었다면, 내 고난의 연대기는 조금 단축되었을 것이다. 이 책이 가족의 아픔 혹은 자신의 아픔으로 상실의 시대를 살아가는 그대에게 위로가 되기를 바란다. 그대의 이야기가 책이 되고, 또 다른 이들에게 위로가 되는 희망의 연대기를 만드는 선순환이 이루어지기를 기대한다.

아프다고 눈길 피하지 말고, 힘들다고 고개 돌리지 말고, 내가 책을 읽고 살았듯이 이 책을 읽고 고통을 견디고 위로를 얻고 살아라. 그리고 자신의 이야기로 아픈 누군가를 살려라.

김기현 목사
로고스서원 대표, 《자살은 죄인가요?》 저자

상실의
위로

1판 1쇄 발행 2019년 10월 07일
1판 2쇄 2019년 10월 30일

지은이 | 이세은
펴낸이 | 정선균
편 집 | 황교진
디자인 | 이나영

펴낸곳 | 도서기획 필통북스
출판등록 | 제406-251002014000068호
주소 | 경기도 파주시 돌단풍길 35
전화 | 1544-1967
팩스 | 02-6499-0839
홈페이지 | www.feeltongbooks.com
ISBN 979-11-6180-135-3 [03810]

ⓒ 이세은, 2019

삼원사는 교육미디어그룹 도서기획 필통북스의 임프린트입니다.

- 이 책은 저자와의 협의 하에 인지를 생략합니다.
- 이 책은 저작권법에 의해 보호를 받는 저작물이므로
  도서기획 필통북스의 허락 없는 무단 전재 및 복제를 금합니다.
- 책값은 뒤표지에 있습니다.
- 잘못된 책은 구입한 서점에서 바꿔 드립니다.

이 도서의 국립중앙도서관 출판예정도서목록(CIP)은 서지정보유통지원시스템 홈페이지(http://seoji.nl.go.kr)와 국가자료종합목록 구축시스템(http://kolis-net.nl.go.kr)에서 이용하실 수 있습니다.
(CIP제어번호 : CIP2019037801)